Paul Schwartzkopff

Die Freiheit des Willens als Grundlage der Sittlichkeit

Paul Schwartzkopff

Die Freiheit des Willens als Grundlage der Sittlichkeit

ISBN/EAN: 9783743668966

Hergestellt in Europa, USA, Kanada, Australien, Japan

Cover: Foto ©Thomas Meinert / pixelio.de

Weitere Bücher finden Sie auf **www.hansebooks.com**

DIE
FREIHEIT DES WILLENS

ALS

GRUNDLAGE DER SITTLICHKEIT.

VON

PAUL SCHWARTZKOPFF,

DR. PHILOS., GYMNASIALLEHRER ZU WERNIGERODE.

LEIPZIG,
VERLAG VON GEORG BÖHME.
1885.

VORWORT.

Dies im Oktober 1883 bei einer besonderen Gelegenheit nur einem kleineren Kreise zugänglich gemachte Schriftchen, eine Vorarbeit für eine spätere, eingehendere Untersuchung, übergebe ich hiermit der Öffentlichkeit. Möchte es mir gelungen sein, zur Aufklärung eines und des andern hierhergehörigen Punktes einiges beizutragen! Möchte sich mein Wunsch erfüllen, wahrheitsliebende Gebildete auf die tief ins Leben eingreifende Bedeutung dieser Frage und auf die Richtung hinzuweisen, in welcher die Antwort auf dieselbe zu finden ist.

Wernigerode,
im Oktober 1884.

Der Verfasser.

Motto.

Seltsame Verirrung des menschlichen Geistes, sein eignes Wesen zu bezweifeln und es sich als Zeugnis einer äusseren Natur wiederschenken zu lassen, die wir nur durch das vermittelnde Wesen des Geistes kennen, den wir leugneten.

(Nach Lotze.)

INHALT.

Begriff der Freiheit des Willens .... Seite 1
Die Absicht des Thäters ist das Verantwortliche. — Worterklärung des Wortes Wille. — Missbräuchliche und uneigentliche Verwendung desselben. — Unbewusster Wille. — Man lernt das Wesen des Willens nur am eignen kennen. — Wille der Tiere. — Wille der Pflanzen. — Wille in der leblosen Natur. — Naturwille. — Nähere Bestimmung des Begriffs „Wille". Herbarts verkehrte Auffassung des Willens. — Genauere Umschreibung des Willensaktes. — Worterklärung des Triebes. — Worterklärung der Willensfreiheit. — Der Mensch hat keine Selbstbestimmung, wenn nicht als wollender. — Willkürliche Bewegungen. — Der Willensakt ist die eigentliche That. — Begriff der Willensfreiheit. — Freiheit des Wollens, nicht des Seins.

Indirekter, moralischer Beweis der Willensfreiheit 10
Luther vertritt die Unfreiheit des Willens gegen Erasmus. — Ohne Willensfreiheit keine Sittlichkeit. — Widerlegung der Ansicht Dreher's, dass die Moral ein geschichtliches Naturgesetz sei. — Augustin's „Willensfreiheit nur zum Bösen" ist Willensunfreiheit. — Ohne Willensfreiheit kein Recht, keine Religion. Erklärung des Wortes Religion. — 1) Beweis vom religiösen Gefühl aus. — Dem Weltall gegenüber gibt es keine Religion. — Das religiöse Gefühl und das der Erhabenheit. — Deterministische Naturreligionen. — 2) Beweis vom Begriffe Gottes aus. — Ohne Willensfreiheit kein Christentum. — Die Willensfreiheit als Bedingung des Familienlebens, der Kirche, der Erziehung. — Folgen aus der Unfreiheit des Willens für die Gesellschaft und den Staat. — Die letzten Folgerungen aus der Unfreiheit des Willens für Denken und Leben sind Egoismus, Pessimismus und Nihilismus. Rückblick. — Die Willensfreiheit ist ein Postulat der Vernunft.

Kritischer Beweis der Möglichkeit der Willensfreiheit 28
Philosophische und theologische Einwände gegen ihre Möglichkeit. 1) Philosophische. a) Vom Begriffe des Wesens aus (Schopenhauer). Widerlegung des Einwands. b) Vom Begriffe der Ursächlichkeit, c) von dem der Naturgesetzlichkeit aus, d) Widerlegung des Dreher'schen Einwands der Verdoppelung des Ichs. 2) Theologische Einwände. a) Aus Gottes Heiligkeit, weil er als Schöpfer der Willensfreiheit Schöpfer der Sünde sei. — Begriff der Heiligkeit. — Die Möglichkeit der Sünde folgt notwendig aus dem Wesen Gottes als der Liebe. — Zweck der Welt- und Menschenschöpfung. — Wodurch wird die Sünde wirklich? — Warum wird sie wirklich? — Die

Möglichkeit des ewigen Todes, welche aus der Willensfreiheit folgt, widerspricht Gottes Heiligkeit nicht. — b) a. Einwand von der Allmacht Gottes aus gegen die Willensfreiheit. — Die Freiheit ist unmittelbar keine kosmische, sondern sittliche Macht, b. Einwand von der Willensfreiheit aus gegen das Dasein Gottes, c. Einwand aus der Allwissenheit Gottes gegen die Willensfreiheit.

Beweis der Wahrscheinlichkeit der Willensfreiheit 45
Charakter geistiger Vorgänge. — Unvergleichbarkeit der Empfindung mit ihrem Reize. Wachsende Innerlichkeit des geistigen Lebens. Selbstbewusstsein. Die Willensfreiheit ist die Spitze der Geistigkeit. — Parallelogramm der Kräfte.

Erfahrungsbeweis der Wirklichkeit der Willensfreiheit . . . 51
I. Unwillkürliche Annahme der Willensfreiheit, a) durch die Sprache, b) durch die Einzelnen, als stillschweigende Voraussetzung jedes sittlichen Urteils. — Sittliche Urteilsfähigkeit der sittlichen Genien. — Energie des sittlichen Gefühls. — **Über die Möglichkeit der Selbsttäuschung hinsichtlich der Wahrnehmung der Willensfreiheit.** — Lage der Streitfrage. — Sinnestäuschung. — Beispiel einer uneigentlichen Sinnestäuschung als einer Verstandestäuschung. — Der Sonnenaufgang eine Verstandestäuschung. — Beispiel der eigentlichen Sinnestäuschung. — Untriftigkeit des Vergleichs zwischen Selbsttäuschung und Sinnestäuschung. — Weitere Unterschiede beider. Widerlegung des Dreher'schen Versuchs, die Wahrnehmung des freien Willens als Selbsttäuschung zu erklären. — Die Unfreiheit des Willens müsste die der thatsächlichen entgegengesetzte Wahrnehmung veranlassen. — Eine vorhandene Willensfreiheit könnte sich nicht anders bemerkbar machen, als durch die thatsächliche Wahrnehmung und das thatsächliche Gefühl. — Würde die Willensfreiheit als Selbsttäuschung nachgewiesen, so fiele damit die Möglichkeit der Erkenntnis überhaupt fort. — Die Willensfreiheit als Thatsache ist der Inhalt nicht eines Gefühls, sondern einer Wahrnehmung. — Verhältnis von Wahrnehmung und Gefühl zu den inneren Thatsachen. — Über den Einfluss geheimer Kräfte auf unsern Entschluss.

Stellung des freien Willens zum geistigen Leben des Einzelnen 71
Willensfreiheit und sittliches Gefühl. — Gewissen. — Die Willensfreiheit auf theoretischem Gebiete. Sie ist die Bedingung der Möglichkeit von Kunst und Wissenschaft. Unterschied des theoretischen und praktischen Wollens. — Die Entstehung des Willensaktes. — Der Entscheidungsakt. — Beispiel. — Das Handeln gegen besseres Wissen und Gewissen. — Das Wollen des Wollens. — Erbsünde.

Die der Willensfreiheit gestellte individuelle und allgemeine Aufgabe: Die Gründung des Reiches der Sittlichkeit 94
Der Charakter. — Vorsatz, Grundsatz, Maxime. — Die Erziehung. — Das objektive Reich der Sittlichkeit.

Anmerkungen 103

Begriff der Freiheit des Willens.

Gerade jetzt ist die Frage wegen der Freiheit des Willens wieder eine heftig umstrittene geworden. Und das ist ganz natürlich. Täglich feiert die Naturwissenschaft, der Stolz des modernen Menschen, neue Triumphe, welche das Leben nach vielen Seiten hin umzugestalten und alle Kräfte der Erde in den Dienst des Menschen zu stellen versprechen. Worauf aber gründen sich alle ihre Errungenschaften? Auf die Gesetze einer Weltordnung, deren Festigkeit eine unverbrüchliche zu sein scheint. Diesen Gesetzen ist die äussere, leblose Natur durchweg unterworfen. Aber auch beim Menschen, dem Kinde der Natur, scheinen sie keine Ausnahme zu dulden. Mit dieser völligen Ausnahmslosigkeit aber wird jede Art menschlicher Selbständigkeit zum blossen Schein. Wie kann noch neben solcher durchgreifenden Naturgesetzlichkeit eine Freiheit des menschlichen Willens bestehen?

Diese scheinbar notwendige Folgerung flüsterten sich schon vor hundert Jahren die Gelehrten ins Ohr. Heutzutage wird sie nicht nur laut von berufenen Vertretern der Wissenschaft verkündet, sondern als unwiderlegliche Wahrheit auf den Strassen gepredigt, ja von Tausenden auch aus den niedrigsten Schichten des Volks in die Praxis übersetzt. Die Unfreiheit des Willens bildet die notwendige Voraussetzung für das Recht der Existenz des praktischen Egoismus aller derer, welche rücksichtslosen Genuss als höchstes und einzig mögliches Ziel ihres Lebens bekennen und erstreben. Und eben diese sind es, welche die soziale Frage unsrer Zeit zu einer so brennenden gemacht haben. Nicht als wenn diese Praxis den Intentionen der Apostel der Unfreiheit des Willens durchweg entspräche. Diese suchen vielmehr zum Teil nach einer neuen Grundlage für die Sittlichkeit, nachdem die alte nach ihrer Ansicht baufällig geworden. Eine Mühe, die ihnen manche ihrer lernbegierigen Nachfolger gern ersparen werden, da diese, lästigen Fesseln entronnen, nicht nach neuen verlangen.

Je heftiger aber mit wissenschaftlichen und unwissenschaftlichen Waffen die Freiheit des Willens angegriffen wird, um so wärmer wird sie auf der andern Seite verteidigt. Um keinen Preis glaubt man sie opfern zu dürfen. Denn man fürchtet, dass mit ihr alle sittlichen Güter dahinsinken. Und in der That: wie nahe unsre Frage die Sittlichkeit berührt, werden uns leicht einige Beispiele klar machen.

Ist ein zurechnungsfähiger Mensch überwiesen, einen andern vorsätzlich erschossen zu haben, so wird er mit dem Tode bestraft. Hat er ihn unvorsätzlich erschossen, etwa durch einen unglücklichen Schuss auf der Jagd, so wird er — abgesehen von Fahrlässigkeit, die hier nicht in Betracht kommt — gerichtlich überhaupt nicht bestraft. Aus der Vergleichung dieser beiden Fälle ergibt sich, dass auch dem Richter die Vorsätzlichkeit der entscheidende Punkt ist für die volle Zurechnung der That. Ist doch in beiden Fällen der Vorgang äusserlich ganz derselbe, nämlich die Tötung eines Menschen. Was hier beide unterscheidet, ist, dass die That das eine Mal mit, das andre Mal ohne Absicht geschah.

Was nun schon für die gerichtliche Behandlung des Falles von entscheidender Bedeutung ist, nämlich die Absicht des Thäters, das kommt für die sittliche Beurteilung ausschliesslich in betracht. Für letztere ist es ganz gleichgiltig, ob die That zur Ausführung gekommen ist oder nicht. Die sittliche Schuld des Mordes würde den Mörder selbst dann ungemindert treffen, wenn er nicht einmal dazu gekommen wäre, die Büchse loszudrücken, weil etwa in dem Augenblick, welcher dem Losdrücken vorherging, ein Schlagfluss seine Hand gelähmt hätte. Nur darum handelt es sich hier, ob der ausdrückliche Willensentschluss, die That zu thun, vorhanden war.

Warum aber und inwiefern fühlen wir uns nun berechtigt, dem Mörder seinen Mord als Schuld anzurechnen? Darum und insofern, als wir überzeugt sind, dass er hätte anders handeln sollen und können, aber nicht wollte. Es würde noch mehr lächerlich sein, als das sittliche Gefühl beleidigen, wenn jemand beweisen wollte, der Mörder hätte nicht morden sollen. Jedenfalls wird derjenige, welcher nicht zugibt, dass er jene That hätte unterlassen sollen, ihm dieselbe eben nicht als Schuld anrechnen. Diese Zuchthäusleransicht jedoch gehört hinter die Gitterfenster. Anders steht es mit jener Meinung, die man zuweilen selbst aus dem Munde feingebildeter Leute hören kann, der Verbrecher sei im Grunde nur ein unschuldiger Unglücklicher, ein Opfer seines Schicksals, welcher unter dem Zwange seiner Naturanlage nicht habe anders handeln können, als er that.

Wie so? fragt eine harmlose Seele. Stand es nicht in seinem Willen, die That zu thun und zu lassen? — Nein, erwidern jene; denn er musste so handeln wollen! —

Da haben wir die Frage nach der Freiheit des Willens in ihrer scharf zugespitzten Form: Muss ich wollen oder kann ich wollen? Verneine ich die erste Hälfte und bejahe die zweite, so nehme ich die Freiheit, umgekehrt aber die Unfreiheit des Willens an. Zugleich aber ergibt sich, dass die Frage nach Schuld und Verantwortlichkeit mit derjenigen nach der Freiheit des Willens, wie die Folge mit ihrem Grunde, zusammenhängt. Wo aber der Mord nicht für eine sittliche Schuld gilt, da kann offenbar von Sittlichkeit nicht mehr die Rede sein.

Wenn nun die in den obigen Beispielen angeführten Willensäusserungen darin bestanden, dass der Mensch sich dafür entschied, eine Handlung, z. B. einen Mord, zu vollziehen, so sehen wir hieraus, dass es eben dieser innere Vorgang selbstbewusster Entscheidung ist, welchen auch der deutsche Volksgeist in seiner innern Welt entdeckte und sprachschöpferisch durch das Wort „wollen" ausdrückte.

Seit das Wort „wollen" für diesen Vorgang ausgeprägt ist, sind alle Verwendungen desselben auf andern Gebieten Übertragungen, welche genau auf das Mass ihrer Berechtigung und die Veränderung des Sinnes geprüft werden müssen, falls nicht die grösste Verwirrung der Begriffe entstehen soll. So sind durch missbräuchliche oder unüberlegte Anwendung dieses Wortes selbst in die Philosophie mancherlei Missverständnisse, Begriffserschleichungen und unerwiesene Behauptungen hineingetragen worden.

Da sprechen manche[1]) von einem unbewussten Willen. Das ist eine durchaus uneigentliche Anwendung des Wortes Wille, in dessen eigentliche Bedeutung der deutsche Sprachgeist ganz notwendig nicht nur Bewusstsein, sondern sogar Selbstbewusstsein eingeschlossen hat. Von was für einem Willen weiss ich denn überhaupt, als von meinem eignen? Allein als einen Akt selbstbewusster Entscheidung habe ich ihn unmittelbar erlebt und bezeichne ihn bei mir und meinesgleichen dem Sprachgebrauch gemäss durch das Wort „Wille". Genau genommen erlebe ich nicht einmal „du willst", sondern nur „ich will". Jedoch wird mir jeder Vernünftige die Anwendung dieses Wortes auf meinesgleichen, auf andre Menschen, ohne weiteres zugestehen.

Nicht so ohne weiteres werden wir von einem Willen der Tiere reden dürfen. Wenigstens dürfen wir dabei nicht vergessen, dass, was wir den Willen des Tieres nennen, von demjenigen des Menschen gerade so verschieden sein wird, als die tierische Seele von der menschlichen, welcher sie allem Anschein nach zwar ähnlich, aber nicht gleich ist. Fehlt ihr doch gerade dasjenige, was wir als wesentlichen Bestandteil eines Willens kennen lernten, von dessen Freiheit überhaupt die Rede sein kann, nämlich das Selbstbewusstsein.

Sollte man mir nun einwerfen, meine Verwahrung dagegen, ohne weiteres von einem Willen der Tiere zu reden, gründe sich auf die unerwiesene Voraussetzung, dass die Tiere kein Selbstbewusstsein hätten; ob sie aber wirklich keins hätten, das könne man nicht wissen, so ist darauf folgendes zu erwidern: Eben, weil man nicht wissen kann, ob die Tiere welches haben, während wir dies vom Menschen wissen, hat der Freund der Wissenschaft so lange kein Recht, denselben einen eigentlichen Willen zuzusprechen, bis er triftigen Grund gefunden hat, das Dasein dieses Selbstbewusstseins in der tierischen Seele anzunehmen. Denn die Wissenschaft setzt nur da eine Kraft voraus, wo sie eine Wirkung sieht, und zwar eine Kraft, welche zur Erklärung der betreffenden Wirkung ausreicht. Wo sich ein Selbstbewusstsein nicht äussert, gibt es für sie keines. Denn nur das Wirkende ist ihr wirklich. Sie hat also keinen Grund, darum kein Recht, ein Selbstbewusstsein für Erscheinungen vorauszusetzen, die aus blossem Bewusstsein erklärlich sind. Ebenso wenig also, wie wir ein wirkliches Selbstbewusstsein oder einen wirklichen Willen im Kinde voraussetzen dürfen, ehe sich Spuren, d. h. unverkennbare Äusserungen desselben zeigen, ebensowenig dürfen wir dies beim Tiere thun. Ja beim Tiere noch weniger als beim Kinde. Denn bei letzterem wird durch das wirkliche Auftreten dieser Vermögen in spätteren Jahren die Voraussetzung einer Anlage dazu zur Notwendigkeit. Beim Tiere haben wir dagegen zu dieser Annahme nicht eher eine Veranlassung, d. h.

ein Recht, als untrügliche Spuren einer Äusserung selbstbewussten Willens an ihm aufgewiesen werden. Übertragen wir nun, durch den uneigentlichen Gebrauch des Wortes „Wille" für das Tierleben verleitet, das Selbstbewusstsein des menschlichen Willens auf den tierischen, oder entkleiden den menschlichen Willen, der eigentlich allein so zu nennen ist, wegen seiner Ähnlichkeit mit dem tierischen dieses Selbstbewusstseins als eines wesentlichen Merkmals, so begehen wir eine Begriffsfälschung, so vertauschen wir gleich Taschenspielern unmerklich die Begriffe. Denn wir spielen entweder das Wort „Wille" in seiner vollen, eigentlichen Bedeutung auf ein ihm an sich fremdes Gebiet hinüber, oder wir schieben dem vollen Begriffe an seiner richtigen Stelle einen andern, abgeschwächten, unter. Für solche mit Bewusstsein, aber nicht mit Selbstbewusstsein verbundenen, treibenden Seelenbewegungen bei Tieren und Menschen hat vielmehr die Sprache Worte, wie „Trieb", „Begierde" u. dgl. gebildet, und wir sollen lieber von ihr lernen, als sie meistern wollen.

Noch weniger aber als beim Tierreiche dürfen wir beim Pflanzenreiche von einem Willen in seiner eigentlichen Bedeutung reden. Je mehr hier die Erscheinungen, welche eine Ähnlichkeit mit dem Triebleben der Tiere haben, sich ins Halbbewusste und Unbewusste verlieren, je mehr entfernen sie sich unstreitig von der menschlichen Geistigkeit, deren eigentümlicher Höhepunkt sich im Willen darstellt, mit welchem letzteren sie allem Anschein nach nur noch das Merkmal einer Lebensäusserung überhaupt teilen.

Nun ist freilich nicht zu verkennen, dass selbst die Bewegungen, welche in der sogenannten leblosen Natur sowohl zwischen den Massen als zwischen den kleinsten Teilchen der Stoffe von selbst stattfinden, eine Ähnlichkeit mit den Bewegungen belebter Körper haben. Denn wir sehen uns genötigt, auch für erstere als ihren Ausgangspunkt Kräfte vorauszusetzen, welche als solche eine gewisse Selbstinnerlichkeit, d. h. eine Art von Lebendigkeit in sich haben müssen, um ihre Wirkungen von selbst oder durch wechselseitige Beziehung auf einander hervorbringen zu können. Dennoch werden wir diese Erscheinungen, wenn wir überhaupt irgend etwas in der Welt noch unterscheiden wollen, als wesentlich verschieden von Willenserscheinungen gelten lassen und uns hüten, sie beide mit demselben Worte zu bezeichnen, das man nur dem wesentlich

Gleichen gibt, wo etwas an Genauigkeit des Ausdrucks gelegen ist. Die Sprache müsste uns denn gegeben sein, wie ein witziger Franzose meinte, nicht um Dinge und Gedanken zu bezeichnen, sondern um sie zu verhüllen und irre zu führen. Die Rechtfertigung aber von Ausdrücken wie „Naturwille", „Wille zum Leben" für unbewusste Kräfte und Triebe überlassen wir denen, welche, wie Schopenhauer, sich derselben zu bedienen Interesse haben.

So haben wir denn gefunden, dass der Wille, von dessen Freiheit überhaupt eine Frage entstehen kann, nur im Gebiete des selbstbewussten Geistes, des Ichs, zu suchen ist. Ist derselbe doch, wie wir sahen, nur in der Form, die wir mit „ich will" ausdrücken, ein unmittelbares Erlebnis.

Doch der Begriff des Willens bedarf noch näherer Bestimmung, um ihn von andern, ebenfalls mit Selbstbewusstsein verbundenen Vorgängen zu unterscheiden.

Der selbstbewusste Geist, welcher weiter nichts thut, als dass er eine Bewegung vorstellt, will sie damit noch nicht. Mag jemand, der schwimmen kann, sich die Schwimmbewegung noch so lebhaft vorstellen, mag er einen andern schwimmen sehen, also sogar die Anschauung des Schwimmens vor sich haben — damit will er noch nicht schwimmen.

Es geselle sich zu dieser Vorstellung oder Anschauung nun der Trieb, die gesehene Bewegung auszuführen. Dieser verbinde sich mit dem betreffenden Bewegungsgefühle und mit der Vorstellung der Erreichbarkeit des Zieles, hier mit dem Bewusstsein der unmittelbaren Ausführbarkeit der Schwimmbewegung — wird es damit, wie Herbart meint, schon zum Schwimmen kommen? — Sofern jemand bei Sinnen und seiner selbst mächtig ist, ganz gewiss noch nicht! Käme es übrigens dazu, so würde dieser Vorgang eben nichts andres als die unwillkürliche Auswirkung eines Triebes bedeuten, wobei der selbstbewusste Geist nur das Zuschauen hätte, und wozu er gar nichts weiter thäte. Und eben deswegen, weil er nichts dazu thäte, würde niemand diesen Vorgang eine Willensäusserung nennen, der eine solche nur einmal in sich selbst erlebt und unbefangen beobachtet hat. Denn gerade dieses innere Dazuthun ist es, was den Willensakt als solchen kennzeichnet, dieses nicht blosse Zusehen, sondern Sichentscheiden für die Ausführung einer vorgestellten Thätigkeit. Was bezeichnen wir denn andres mit dem Worte „wollen", als jenen inneren Vorgang, vermöge dessen wir die Handlung, genauer: die vorgestellte Verwirklichung der betreffenden Thätigkeitsvorstellung uns selbst in ganz eigentümlicher Weise zueignen?

Wie sollte der Trieb, etwas zu thun, z. B. zu schwimmen oder zu morden, dasselbe sein, als der Wille, dies zu thun? Die Triebe bilden ja vielmehr den einzig möglichen Stoff, an welchem sich der Wille unmittelbar bethätigen kann, indem er, unter ihnen wählend, sich für die Auslösung eines Triebes entscheidet. Ohne sie würde die Entscheidungsfähigkeit gegenstandslos sein und also überhaupt keine Veranlassung zu ihrer Äusserung gewinnen. Ist ja doch der Trieb nichts andres als die zur Äusserung drängende Fähigkeit.[2]) So viel Vermögen, so viel Triebe hat der Mensch. Das Nahrungsvermögen, insofern es sich zu bethätigen treibt, ist der Nahrungstrieb, das Lernvermögen äussert sich als Lerntrieb, Lernbegier. So sind diese Triebe die notwendige Voraussetzung für die Möglichkeit der Entstehung der Willensakte. Der Inhalt der Strebungen, Begierden, Wünsche u. s. w., welche den Antrieb zur Willensäusserung bilden, ist immer ein Trieb. Alles dies sind nur verschiedene Formen, in welchen der Trieb auftritt, die sich durch den verschiedenen Grad ihrer Stärke und die Stellung unterscheiden, welche sie zu den übrigen Seiten des geistigen Lebens, besonders zum Bewusstsein und Selbstbewusstsein und zum Gefühls-, beziehentlich Gemütsleben einnehmen.

Wenn nun der Wille, nach dem obigen, die Entscheidungsfähigkeit ist, so kann unter Freiheit des Willens nichts andres verstanden werden, als, dass ich in Rücksicht auf die Entscheidung durch nichts als mich selbst bestimmt bin.

Mit der Willensfreiheit wird mir also die Selbstbestimmung nur in Bezug auf den Entscheidungsakt zugesprochen. Von einer Selbstbestimmung in andrer Beziehung ist von vorn herein nicht die Rede. Nicht von einer Selbstbestimmung, die mir überhaupt zukäme, sondern nur von einer, die mir als Ich zukommt, und zwar wiederum nicht überhaupt als Ich, sondern in der bestimmten Beziehung auf die Willensäusserung. In jeder andern Hinsicht habe ich nicht die geringste Veranlassung, anzunehmen, dass ich mich selbst bestimme, weiss mich vielmehr durchaus bedingt durch eine für mich undurchbrechbare Gesetzlichkeit, welche nicht nur meinen Körper, sondern auch mein gesamtes seelisches, beziehentlich geistiges Leben (des selbstbewussten Ichs) bis auf diesen einen Punkt beherrscht.

Die allseitige Bedingtheit unsres Körpers durch den Naturlauf bedarf keines besonderen Beweises. Und mag auch die Gesetzlichkeit, welcher unsre Seele, auch als selbstbewusst gewordene, unterworfen, ist, eine andre sein als diejenige, welche unsern Körper regiert, so scheint dieselbe doch nicht weniger streng in ihrem Kreise zu sein, als die stoffliche auf ihrem Gebiet.

Seinen festen Gesetzen gemäss muss unser Empfindungs-, Gefühls-, Vorstellungs- und Triebleben unserm Geiste erst den Stoff zuführen, an welchem er sich als wollender bethätigen kann.

Zunächst zwingt die Aussenwelt, durch ihre verschiedenen Reize, unserer Seele die entsprechend verschiedenen Empfindungen der fünf Sinne ab, auf Grund deren sie dann ganz bestimmte Anschauungen der Dinge zu schaffen genötigt ist. Durch letztere bleibt sie wesentlich bedingt, wenn sie nach festen Gesetzen des Seelenlebens weiterhin ihre allgemeinen Vorstellungen und Begriffe bildet. Andrerseits äussert sich die Seele in Gefühlen, welche ebenso der Selbstbestimmung des Einzelnen unmittelbar entzogen sind. Durch diese wird sie des bestimmten Wertes ihrer verschiedenen Zustände und Thätigkeiten für ihr Leben, auch in ihrer Wechselbeziehung zum Körper, unmittelbar inne. Ferner in ihren verschiedenartigen Trieben, über die wir bereits das für unsern Zweck Nötige sagten.[3])

Wie unsere Empfindungen, Gefühle und Triebe an sich unserer Willkür nicht unterworfen sind, so müssen wir bei aufmerksamer Selbstbeobachtung auch anerkennen, dass unsre Vorstellungen kommen und gehen, Beziehungen zu einander und mit unsern Gefühlen, Trieben, Strebungen u. s. w. eingehen, unabhängig von unsrer Willkür zunächst ihren eigenen Gesetzen folgend.

Ja selbst die sogenannten willkürlichen Bewegungen heissen nicht deshalb so, weil sie nur den Gesetzen unsres Willens folgten. Diesen folgen sie überhaupt nicht, sondern durchaus ihren eignen Gesetzen. So vollziehen wir anfangs als Kinder alle willkürlichen Bewegungen zunächst unwillkürlich, ehe wir überhaupt einen Willen haben, der ihrer mächtig werden könnte. Sie folgen vielmehr von selbst den betreffenden Bewegungstrieben. Wie aber diese sich auswirken, wie es zugeht, dass auf Veranlassung eines in unsrer Seele vorhandenen Triebes und Triebgefühls bestimmte Muskeln die Glieder unseres Körpers in Bewegung setzen, muss uns, wie das Wie aller Vorgänge, ewig ein Rätsel bleiben. Sind wir aber zum Selbstbewusstsein und Willen gekommen, dann wirken sich manche Triebe, vor allem unsre Bewegungstriebe, nicht immer notwendig von selbst aus, sondern zuweilen auf Veranlassung von Willensäusserungen. Da nun unsre in die äussere Welt eingreifende Wirksamkeit, die wir im engeren Sinne Thätigkeit nennen, durch jene Muskelbewegungen vermittelt wird, deren Triebe zum Teil unsrem Entschlusse zugänglich und dienstbar werden, so nennen wir diese, sofern sie dies werden, willkürliche Bewegungen.[1]) So sind denn alle körperlichen Bewegungen rein als solche, deren wir zur Ausführung aller derjenigen Entschlüsse bedürfen, welche sich auf äussere Thätigkeit beziehen, unsrer Willkür nur in soweit zugänglich, als wir die Bewegungstriebe, von denen allein unmittelbar die Bewegungen abhängen, allmählich auch als Wollende benutzen lernen, wozu wir, ohne zu wissen wie? und woher?, in uns die Fähigkeit vorfinden. Wir haben eben nur die Wahl, einen Bewegungstrieb mittelst unsres Willens auszulösen, event. an seiner Auslösung zu hindern, oder nicht. Die Bewegungsnerven sind es, die als Träger der Bewegungstriebe unsrem Willen zu diesem Zwecke zu Dienste stehen, mag es sich nun um Ausführung oder Hemmung einer Bewegung handeln.

Aber auch in unsren höheren geistigen Fähigkeiten, dem reflektierenden Denken u. s. w., prägt sich die strenge Gesetzlichkeit unsrer anerschaffenen Geistesnatur aus, welche ist, wie sie ist, und unsrem Ich auf keinem zweiten Punkte ausser dem noch fraglichen eine Mitbestimmung, d. h. Selbstbestimmung erlaubt.

Wir sind also in allem unsrem Empfinden, Anschauen, Vorstellen, Fühlen, Denken und Streben, an sich, durchaus bedingt und abhängig von der äusseren Welt, von unsrer körperlichen und seelischen Natur und ihrer, unsrer Willkür unmittelbar nicht unterworfenen Gesetzlichkeit. Wenn von Selbstbestimmung bei dieser sonst allgemeinen Bedingtheit die Rede sein soll, so kann diese nur für mein Thun und Lassen in Frage kommen, insofern unter Thun nicht ein von selbst verlaufendes Geschehen zu verstehen ist, sondern dasjenige, welches durch eine Entscheidung des Ichs in dieser Richtung veranlasst wird.

Da nun nach obigem der Unterschied zwischen meinem Thun und dem Geschehen in mir nur darin besteht, dass sich bei letzterem der Trieb von selbst, bei ersterem dagegen infolge meines Entschlusses auswirkt, so ist genau genommen dieser Entschluss eigentlich das Einzige, was ich zu meinen Thaten thun kann, meine einzige, eigentliche That.

Wir haben so gefunden, dass diejenige Art der Selbstbestimmung, welche sich uns im Beispiele des Mörders darstellte, die einzig mögliche ist. Wenn es überhaupt eine Selbstbestimmung gibt, so kann sie nur darin bestehen, dass ich mich selbst bestimme, etwas (thun) zu wollen oder nicht zu wollen.

So ist denn auch die wahre Meinung derer, welche eine Willensfreiheit annehmen, eben das Dasein einer Freiheit des Wollens und mittelbar des Handelns, und nicht einer Freiheit des Seins. Wer der Ansicht ist, dass der Mensch frei sei, insofern er selbst der Urheber seines angebornen Charakters sei, aber nicht frei handle, da jeder Willensakt und somit jede einzelne Handlung notwendig aus diesem Charakter entspringe, der nenne diese Unfreiheit jedes Willensaktes und jeder Handlung, welche die deutsche Sprache mit dem Ausdrucke Unfreiheit des Willens bezeichnet, doch nicht Willensfreiheit!

Wir fanden nun, welchen Begriff man vernünftigerweise mit dem Worte „Willensfreiheit" verbinden kann und muss. Es handelt sich jetzt um die Untersuchung, ob es wirklich eine Willensfreiheit gibt oder nicht.

Indirekter, moralischer Beweis der Willensfreiheit.

Nicht nur gedanken- und charakterlose Menschen haben das Dasein einer Freiheit des menschlichen Willen verneint, um für ihre unsittlichen Thaten unverantwortlich sein zu dürfen, sondern willensstarke Geisteshelden haben ihre Existenz in Abrede gestellt. Nicht nur ein Augustin, sondern auch der gotterfüllte Reformator Dr. Martin Luther, jener Heros mit dem löwenstarken Willen, hat die „Unfreiheit des menschlichen Willens" mit aller Glut begeisterter Überzeugung verfochten. Er that dies in dem Büchlein mit dem soeben genannten Titel, welches er im Dezember 1525 gegen den gelehrten Erasmus herausgab. Dieser in den letzten Jahren oft genannte Humanist, dessen Biegsamkeit zuweilen der Charakterschwäche nicht unähnlich sah, hatte im September 1524 eine Abhandlung erscheinen lassen, worin er die Willensfreiheit zu beweisen suchte. Ihm gegenüber also verteidigte Luther mit Erbitterung die Unfreiheit desselben, mit keinem andern Bestreben als dem, auf der Folie der absoluten Nichtigkeit und sittlichen Unfähigkeit des Menschen desto heller das Bild der allmächtigen Gnade Gottes leuchten zu lassen. Vielleicht den stärksten Ausdruck gibt Luther seiner Überzeugung in folgenden Worten:[5] „Das ist des Glaubens höchste Stufe, den für gerecht zu halten, der vermöge seines unabänderlichen Willens mit Notwendigkeit uns verdammenswert macht, damit er sich, wie Erasmus sagt, an den Qualen der Unglücklichen zu weiden und des Hasses mehr als der Liebe würdig zu sein scheine".

Welcher Autorität wollen wir folgen? Luthers oder des Erasmus? Keiner von beiden. Luther selbst hat uns zuerst von äusseren Autoritäten befreit. In Sachen der Vernunft hat diese allein zu entscheiden.

Ob es also eine Freiheit des Willens gibt, wissen wir nicht, sondern steht eben in Frage. Wenn es aber keine gibt, so werden wir weder so feige noch so denkträge sein, die sich daraus ergebenden Folgerungen nicht zu ziehen. Diese selbst werden die Probe auf die Richtigkeit unsres Beweises sein müssen. Die Stichhaltigkeit der Folgen wird zur Verstärkung, die Unstichhaltigkeit dagegen zur Entkräftung unsrer Annahme beitragen.

So wollen wir uns auch zunächst noch nicht tiefer auf den Kern unsrer Frage einlassen, sondern vielmehr auf der festen, breiten Grundlage des Lebens stehen bleiben und Umschau halten, wie sich die Grossmächte des Lebens zu unsrer Frage stellen.

Eine Anschauung, die wirklich unpraktisch, d. h. völlig ablegen ist von den berechtigten Interessen des wirklichen Lebens, oder ihnen gar widerspricht, beweist eben damit, dass sie in sich selbst keine wirkliche Lebensfähigkeit besitzt. Prüfen wir nun die Annahme einer Unfreiheit des Willens auf ihre praktische Lebensfähigkeit. Der Ausfall dieser vorläufigen Prüfung wird von vorne herein ein günstiges oder ungünstiges Vorurteil hinsichtlich des wirklichen Bestehens einer Willensfreiheit erwecken. Und weiter soll sie zunächst nichts.

Wie nehmen sich die geordneten geistigen Kreise, welche die Gesellschaft, in die wir alle nun einmal eingegliedert sind, hauptsächlich beeinflussen und umschliessen, wie nimmt sich ihre sittliche, rechtliche, religiöse Grundlage vom Gesichtspunkte der Annahme einer völligen Unfreiheit des Willens aus? Welche Stellung ergibt sich für die Sittlichkeit, das Recht, die Religion, das Christentum, ferner für die Familie, die Kirche, die Schule und den Staat aus der Unfreiheit des Willens?

Welcher enge Zusammenhang zwischen der Freiheit des Willens und der Sittlichkeit besteht, deuteten wir bereits an. Dennoch hoffen manche und zwar gerade edlere Seelen, man werde die Sittlichkeit halten können, auch wenn man die Willensfreiheit fallen lasse, welche, wie sie fürchten, von dem ewig gleich und gleichgiltig rollenden Rade der Naturgesetzlichkeit zerschmettert wird.

Man erwäge jedoch dies. Gibt es keine Willensfreiheit, so gibt es nichts Böses, keine Sünde. Denn diese Worte haben keinen Sinn, wenn sie nicht die Verkehrtheit der Willensrichtung bezeichnen. Bei der unabänderlichen Bestimmtheit des Willens kann aber von einer Verkehrtheit desselben gar nicht die Rede sein. Denn eine Verkehrtheit kann nur da sein, wo eine andre, als die notwendig bestimmte Richtung noch möglich ist. Der unfreie Wille aber will, was er muss. Und da er gemäss der Notwendigkeit seiner Natur nicht anders wollen kann, so kann er auch nicht anders wollen sollen. Das wäre eine lächerliche Zumutung, welche seiner unveränderlichen Beschaffenheit widerspräche.

Gibt es aber nichts Böses, so gibt es auch nichts Gutes. Denn wenn als böse nur derjenige Wille bezeichnet werden kann, welcher nicht so ist, nicht so will, wie er sein und wollen soll, so ist „gut" entweder ein leeres Wort, oder es bedeutet die Eigenschaft desjenigen Willens, welcher so ist, wie er sein soll. Wenn es aber wegen der unabänderlichen Bestimmtheit des Willens kein Anders-wollen-können, d. h. überhaupt kein Wollen-können, sondern nur ein Wollen-müssen gibt, so gibt es eben kein Wollen-sollen, also auch keinen Willen, der ist, wie er sein soll, der „gut" ist.

Wo es überhaupt kein Wollen-sollen, keine Pflicht gibt, kann es ja natürlich weder gut noch böse geben. Dies aber sind die beiden Brennpunkte der Ellipse der Sittlichkeit. Wo es nichts Gutes noch Böses gibt, ist an Sittlichkeit nicht mehr zu denken. Ohne Willensfreiheit ist also keine Sittlichkeit möglich.

Oder will man es wirklich unternehmen, die Sittlichkeit auf eine andere Grundlage als diejenige der Willensfreiheit zu stellen?! In der That versucht dies selbst in neuester Zeit z. B. Eugen Dreher in Ulrici's Zeitschrift für Philosophie (79, II. S. 227—242 „Freiheit und Notwendigkeit" und 81 I. S. 20—37 „Über das Sittengesetz"). Er will die Moral als „blossen Ausdruck eines in der Menschheit angelegten Entwicklungsprozesses hinsichtlich seiner Gefühls- und Verstandesbildung" festhalten[6]) und merkt nicht, dass er damit der Sittlichkeit das Herz, nämlich das Pflichtgebot, ausschneidet.

Hält man nämlich die Moral für den blossen Ausdruck einer notwendigen, geschichtlichen Entwicklung, so macht man damit das Sittengesetz zu einem Naturgesetz der Geschichte. Und das ist freilich ganz folgerichtig. Denn wenn man es von der Willensfreiheit loslöst, so gibt es für dasselbe kein Sollen mehr, sondern nur noch ein Müssen. Und dies Müssen, die Notwendigkeit, ist eben der Charakter des Naturgesetzes. Wie demnach das eigentlich sogenannte Naturgesetz der Ausdruck der naturnotwendigen Wirkungsweise stofflicher Vorgänge ist, so würde dies geistige Naturgesetz des Willens der Ausdruck der naturnotwendigen Wirkungsweise dieses geistigen Vorgangs sein.

Nur wähne man nicht, dass ein solches Naturgesetz auf „Kosten von Vorurteilen und unberechtigtem Egoismus der Einzelnen" verlangen kann, „einem höheren Gesichtspunkt solle sich das Wollen und Handeln aller unbedingt unterordnen".[7]) Eben als Naturgesetz verlangt es gar nichts und kann nichts verlangen. Um nach diesem auf Notwendigkeit gegründeten Sittengesetz handeln sollen zu können, müsste man ja anders handeln können, als man nach eben diesem Gesetze handeln muss. Dies Naturgesetz der handelnden Geister ist ja doch nichts andres als der Ausdruck für ihre bis ins Einzelne durch Natur und Umstände notwendig bestimmte Art zu handeln. Es besagt, dass alles in dem Kreise, für den es gilt, unweigerlich nach ihm geschieht. Was nicht nach ihm geschieht, beweist eben damit, dass es nicht in seinen Kreis gehört. Gerade nach diesem sogenannten Sittengesetz ist also jede Handlung, gut oder böse, als der Ausdruck eines gleich unabänderlichen, naturnotwendigen Geschehens, gleichberechtigt. Ein Sittengesetz aber, auf Grund dessen die unsittliche Handlung der sittlichen gleichwertig ist, mag etwas andres sein, aber ein Sittengesetz ist es nicht.

Wem also die Moral der Ausdruck eines naturgetzlichen Geschehens ist, der muss auch anerkennen, dass es für ihn kein Sollen, keine Pflicht, nichts Gutes noch Böses (im sittlichen Sinne), also — seien wir ehrlich — überhaupt keine Sittlichkeit gibt. Denn wo haben die Ausdrücke „gut" und „böse" einen Sinn, als in bezug auf Wille und That? Gibt es aber weder einen guten noch bösen Willen oder Willensakt, weder eine gute noch böse That, wie kann dann dem Begriffe der Sittlichkeit irgend etwas Thatsächliches in der Welt entsprechen?! Da es nur noch ein Müssen, aber kein Sollen mehr gibt, so muss ja doch unzweifelhaft das Sittengesetz als solches, d. h. als Regel, welche den Willen verpflichtet, als Norm für das Handeln, hinfallen!

Wer aber das Dasein von gut und böse leugnen muss und dennoch von Sittlichkeit und Sittengesetz im Sinne einer verpflichtenden Norm redet, dessen Falschmünzerei mit Gedanken und Worten gehört vor den Richterstuhl des Volks- und Sprachgeistes.

Zu der Folgerung, dass es keine Sittlichkeit gibt, und zu allem, was mit dieser Annahme notwendig zusammenhängt, werden sich auch die Vertreter der folgenden, auf Augustin fussenden Ansicht entschliessen müssen, welche scheinbar eine beschränkte Freiheit, in der That aber die Unfreiheit des Willens annehmen. Sie behaupten nämlich, der Mensch besitze zwar eine Freiheit des Willens, aber nur eine Freiheit, das Böse zu wollen.[8])

Nun ist doch aber eine Willensfreiheit nur zu erleben und nur zu denken als eine Entscheidungsfähigkeit. Diese jedoch ist das Vermögen, so oder auch anders zu wollen, so oder auch anders zu handeln. Denn das einzige Merkmal, welches den Begriff der Freiheit des Willens von dem seiner Notwendigkeit, dem Wollen-müssen, unterscheidet, ist ja, dass ersterer so, aber auch anders wollen kann.

Wenn also der Mensch nicht mehr so, aber auch anders, nicht mehr gut, sondern nur böse zu wollen und zu handeln frei ist, so ist damit eben nichts andres ausgesprochen, als dass er vielmehr keine Freiheit des Willens hat. Denn nur insofern und insoweit kann er das Böse aus freiem Entschlusse wollen, als er die Freiheit hat, anders als böse zu wollen. Hat er nicht die Freiheit, gut zu wollen, so hat er eben damit und deswegen auch nicht die Freiheit, böse zu wollen oder zu handeln, d. h. gar keine Freiheit. Hat er aber gar keine Freiheit des Willens, so sind, wie wir soeben fanden, auch die Begriffe des Bösen und Guten, ja der Sittlichkeit überhaupt, für ihn sinnlos. Gibt es nun für den, welcher keine Willensfreiheit, daher keine Sittlichkeit, kennt, kein Gesetz, als das alles Geschehen beherrschende unabänderliche Naturgesetz, so gibt es für ihn auch kein Recht, als das Naturrecht in dem Sinne des Rechtes des Stärkeren. So fällt also mit der Willensfreiheit auch jedes Recht hin. Denn das s. g. Recht des Stärkeren, die rücksichtslose Vergewaltigung des Schwächeren, ist doch das Gegenteil von demjenigen, was ein vernünftiger Mensch unter Recht versteht. Von Recht kann man ja überhaupt nur da reden, wo es eine Pflicht gibt. Mein Recht ist eben des andern Pflicht, in dem Sinne, dass meine Berechtigung nur soweit reicht, als die Anerkennungsverpflichtung des andern. Wenn überhaupt niemand eine Pflicht, wenn also auch niemand mir gegenüber eine Anerkennungspflicht hat, wo soll ich noch ein Recht haben?! Nur insofern und insoweit habe ich das Recht, ein bestimmtes Haus mein eigen zu nennen, als jeder andere die Pflicht hat, es ebenfalls mein eigen zu nennen. Mein Recht auf ein Besitzverhältnis ist also nur die Kehrseite der Anerkennungspflicht des betreffenden Besitzverhältnisses von seiten des andern. Was für mich Rechtsgrund und Rechtstitel ist, ist für alle andern Grund und Titel ihrer Verpflichtung gegen mich. Hat der andere mir gegenüber keine Pflicht, so habe ich ihm gegenüber kein Recht. Also völlige Rechtslosigkeit und Herrschaft der Gewalt ist der normale, naturgemässe Zustand nicht nur unter den Tieren, sondern auch unter den Menschen, wenn es keine Willensfreiheit gibt.

Wo aber bleibt die Religion? — Sie gründet sich notwendig auf das religiöse Gefühl, als das Gefühl durchgreifender Abhängigkeit von einer in ihrem tiefsten Wesen sittlichen Macht, und ist daher selbst nur denkbar als die sittliche Beziehung des Menschen auf ein alles umfassendes, sittliches Wesen, als seinen Urheber. Dieses alles durchdringende und belebende Wesen kann als sittliches nur gedacht werden als persönlicher, das Gute wollender Geist. Denn Sittlichkeit kann, wie wir fanden, nur einem Wesen beigelegt werden, welches einen Willen hat, der als solcher nur einem selbstbewussten, persönlichen Geiste zukommen kann. —

So ist eine Religion dem bewusstlosen, blinden All gegenüber undenkbar. Mein Gefühl der Abhängigkeit von dem Weltall als der alles umfassenden, rein physischen Macht, aus welchem diese Religion entspringen müsste, kann, insofern ich selbst sein physisches Erzeugnis bin, nur das der völligen Ohnmacht und somit der Furcht und des Schreckens sein — und so ist es ja auch in der That — während das religiöse Gefühl imstande ist, selbst die Furcht vor physischen Mächten völlig zu beseitigen. Fühlt sich doch der Mensch gerade darin seinem Wesenskerne nach einig mit dem sittlichen, des Alls als seiner Wirkung mächtigen Kraftgrunde desselben. Wer beide Gefühle aus eigner Erfahrung in ihrer Verschiedenheit kennt, wird dies anerkennen.

Andrerseits eignet mir, insofern ich der Überlegenheit meines Wesenskernes, als geistiger, sittlicher Macht, gegenüber der physischen Kraft des Weltalls inne werde, von welcher ich nur meine sinnliche Seite durchgreifend abhängig weiss, das Gefühl der Erhabenheit, welches also in sittlicher Beziehung das gerade Gegenteil des religiösen Gefühls ist.

Dies Siegergefühl der Überlegenheit an Stelle des religiösen Gefühls demütiger Verehrung ziert denn auch folgerichtig diejenigen, die sich selbst als Krone der Schöpfung, als stetig fortschreitende Bezwinger der blinden Naturkräfte, und zugleich keinen persönlichen Gott über sich wissen. In der That: wenn das geistlose Weltall noch Geist genug besässe, um der königlichen Geistesgrösse seines Sohnes, des Menschen, inne zu werden, dann sollte es dem Menschen gegenüber eine Art religiöser Verehrung fühlen, geschweige denn, dass der Mensch ihm gegenüber noch Religion haben könnte.

Und wenn er sie besässe, wäre das nicht sinnlos? Für wen hätte er sie denn? Für das bewusstlose All könnte ja eine Verehrung überhaupt nicht existieren, da es in keiner Weise deren inne werden könnte. Es wäre in der That eine Verehrung für nichts und wider nichts, und ich meine, dass, wer an keinen Gott glaubt, sich gern diesen Luxus sparen wird. Wo sich auch nur der Rest eines derartigen Gefühls findet, muss er durch das allein Verehrungswürdige und -fähige erzwungen sein, nämlich durch die sittliche Macht eines persönlichen Willens, welchen der religiöse Instinkt unwillkürlich als tiefsten Grund des Weltalls ahnt.

Nur so erklärt sich die Erscheinung, dass es auch heute

noch deterministische Religionen gibt, welche die Natur vergöttern. Sofern sich in ihnen die Ahnung eines verehrungswürdigen, sittlichen Willens findet, der auch das Kleinste durchdringt und heiligt, wohnt ihnen das der Religion als solcher wesentliche Moment inne. Jedoch stellt diese Form instinktiver, träumerischer Ahnung eine niedrige Stufe der Entwickelung des religiösen Bewusstseins dar, auf welcher die Erkenntnis des alles durchwaltenden, persönlichen, sittlichen Geistes sich aus ihrer dunklen gefühlsartigen Hülle noch nicht zu freier, bewusster Klarheit emporgerungen hat. Der moderne Buddhismus, dessen europäischer Prophet Schopenhauer ist, bedeutet daher ein Zurücksinken in die orientalische Religionsform einer längst überwundenen, naturalistischen Stufe der Kultur. Je höher sich das religiöse Bewusstsein entwickelt, desto klarer wird naturgemäss die sittliche Beziehung, welche seinen Angelpunkt bildet, heraustreten müssen: Das sittliche Verhältnis zu dem alles umfassenden, persönlichen, sittlichen Geiste. Die Klarheit dieses Bewusstseins gibt daher den Massstab ab für die Höhe des Standpunktes der Religionen. Daher muss das Christentum als die höchste Erscheinungsform derselben gelten.

Ist nun also die Religion nur denkbar als sittliche Beziehung des Menschen auf ein alles umfassendes, sittliches Wesen, so folgt hieraus, dass mit der Sittlichkeit auch die Religion hinfallen muss. Und wenn die Sittlichkeit nur auf der Grundlage der Willensfreiheit möglich ist, so kann auch von Religion keine Rede mehr sein, falls es keine Willensfreiheit gibt.

Wir haben soeben von der thatsächlichen Beschaffenheit des religiösen Gefühls aus, welches die notwendige Bedingung für die Entstehung der Religion auf seiten des Menschen ist, nachgewiesen, dass ohne die Freiheit des menschlichen Willens keine Religion denkbar ist. Aber auch von dem Begriffe Gottes aus, welcher den Gegenstand der religiösen Verehrung bildet, — mag man seine Existenz annehmen oder nicht — lässt sich derselbe Nachweis führen. Denn wäre der menschliche Wille nicht frei, dann würden wir Gott so denken müssen, dass sein Begriff sich selbst widerspräche und als denkunmöglich auflöste. Das Denkunmögliche kann aber nicht wirklich sein. Und damit würde sich denn die Religion als gegenstandslos selbst aufheben.

Angenommen nämlich, dass es einen Gott, d. h. einen geistigen, persönlichen Welturheber gibt, dass aber der Mensch keinen freien Willen hat, so ist nicht der Mensch für seine

Thaten verantwortlich, sondern Gott als der Urheber derselben. Dann trägt Gott die Schuld nicht nur für alles Leid und Übel — das, wie viele behaupten,[10]) die Freude und Lust in der Welt weit überwiegt und nun nicht mehr, als Anlass zur Willensänderung, die Besserung, die innere Beseligung und das ewige Glück des Menschen bezwecken kann —, sondern auch für der Übel grösstes: die Schuld.[11]) Zu solchen Göttern würde man mit Recht sagen:

> Ihr stosst ins Leben uns hinein
> Und lasst den Armen schuldig werden!
> Dann überlasst ihr ihn der Pein!
> Denn alle Schuld rächt sich auf Erden!

Denn alles Schuldgefühl und die innere Unseligkeit des Menschen, der böse Thaten verübt und böse ist, bleibt doch einmal bestehen, man mag eine Freiheit des Willens annehmen oder nicht, und fällt zurück auf den, der seinen Willen des Bösen[12]) mit allen verheerenden Folgen in der Welt verwirklicht hat. Gott will und wirkt demnach selbst die unentrinnbare Schlechtigkeit und Unseligkeit, vielleicht gar die ewige Qual so vieler Menschen. Ja er peinigt diese Elenden obendrein noch mit der unübertrefflich grausamen und lügnerischen Täuschung, dass sie selbst an ihrer Sünde und Unseligkeit schuld seien. Wenn ein solcher Gott existiert, dann ist dieser nicht etwa der blutigste Tyrann, — denn der kann doch immer nur äusserlich, aber nicht innerlich quälen — dann ist er: der Teufel. Diesem Gotte nun würden wir nur eine einzige Ehre erweisen können, nämlich die, sein Dasein zu leugnen, und würden damit zugleich beweisen, dass wir besser wären als er. Nicht: ihn zu glauben, sondern: ihn nicht zu glauben, haben wir das entschiedenste Bedürfnis.

Ist also wirklich der Wille nicht frei, dann gibt es keinen Gott. Denn das ist uns ins tiefste Herz gegraben: Wenn es einen gibt, so darf er nicht der Schöpfer des Bösen, der unsittliche Allurheber, sondern muss der sittliche Allurheber, die Quelle alles Guten und Herrlichen sein. Ist es doch eben das Dasein des letzteren, welches uns Gott als dessen ewige, persönliche Ursache ahnen lässt, als den, dessen innerstes Wesen das Gute ist, und dessen Schöpfung zum letzten Zweck und einzigen Ziel die Verwirklichung des Guten und dadurch des höchsten Gutes in der Welt und Menschen haben muss. Wer ist gut, wenn es Gott nicht ist?! Eben daran, dass er die Verwirklichung des Guten will, erkennen wir ihn als Gott. Wie es aber keinen Gott geben kann, welcher Urheber des Bösen wäre, so kann es auch keinen geben, der den Menschen so schuf, dass für denselben Gutes und Böses gleichen Wert hat, d. h. dass für ihn keine Sittlichkeit existiert. Das würde aber, wie wir sahen, der Fall sein, wenn der Wille des Menschen unfrei wäre. Ein Gott, welcher persönliche, ihm ebenbildliche Geister geschaffen hätte, für welche das Gute und Böse gleichwertig und somit gleichgiltig wäre, wäre ein seinem eignen Begriffe widersprechender Gott, ein unmöglicher Gedanke.

Wenn es also ohne Willensfreiheit keine Religion gibt, so ist es schon jetzt klar, dass es dann auch kein Christentum geben kann. Denn da es die Sittlichkeit ist, welche das Verhältnis des Menschen zu Gott zu einem religiösen macht, — ein Teufel, welcher glaubte und zitterte, würde darum noch keine Religion haben — so wird eine geschichtlich auftretende Religion um so weniger ohne Willensfreiheit bestehen können, je reiner sich in ihr die Sittlichkeit darstellt. So dürfte es überflüssig erscheinen, noch besonders zu beweisen, dass das Christentum, als diejenige Darstellungsform der Religion, in welcher die Sittlichkeit die reinste Ausprägung und hellste Spiegelung gewonnen hat, nicht denkbar ist, 'wenn es keine Willensfreiheit gibt. Dennoch wollen wir diesen Beweis wegen der hohen Bedeutung des fraglichen Punktes und des allgemeinen Interesses, welches derselbe in Anspruch nimmt, noch ausdrücklich führen, indem wir dabei vom Allgemeinen mehr absehen und vor allem auf das Besondere des Christentums Rücksicht nehmen, das es als diese ganz eigentümliche religiöse Erscheinung kennzeichnet.

Es handelt sich hier natürlich nicht darum, ob es nicht vortreffliche Christen geben mag, die an keine Willensfreiheit glauben, — dass es solche gibt, dafür ist ein Luther der beste Beweis, — sondern darum, ob die Wahrheiten, welche, vom christlichen Glauben ergriffen und zu innerer Überzeugung geworden, die feste Grundlage für ein christliches Leben bilden, mit der Annahme der Unfreiheit des Willens bestehen können. Ist das nicht der Fall, dann muss eines von beiden fallen, entweder die Unfreiheit oder das Christentum. Denn von zwei Annahmen, die sich widersprechen, kann nur die eine wahr sein, da die Wahrheit gar keine oder nur eine ist.

Freilich ist das Christentum keine blosse Lehre, sondern ein Lebensweg. Aber wir gehen einen Weg nur um des Zieles willen. Stellt sich der Weg als ziellos heraus oder als einer, der zu einem verkehrten Ziele führt, so werden wir denselben verlassen, wenn wir unserer besseren Erkenntnis folgen.

Die christliche Lehre ist der Wegweiser am Wege des Christentums. Sie will eine Anweisung sein zum Ziele eines seligen Lebens in Gott. Sie lehrt, wie der Einzelne ein Kind Gottes, die ganze Welt aber ein Reich Gottes wird. Der Weg zu diesem Ziele ist die Nachfolge Christi, in welchem die Fülle der göttlichen Liebesoffenbarung im Fleische erschienen ist. Diese volle Vergöttlichung des Menschen durch Gottes Liebeskraft, als Ziel des Christentums, bestimmt den Weg zu diesem Ziele für den Einzelnen negativ als völliges Ablegen von allem, was dem Wesen Gottes, der Liebe, widerspricht. Diese Änderung der Handlungsweise hat zur Voraussetzung eine völlige Sinnesänderung, welche bedingt wird durch gänzliche Abkehr des Willens von dem Ziele der lieblosen Selbstsucht und völlige Hinkehr desselben auf das Ziel der selbstlosen Liebe. Diesen Akt aber nennt man Bekehrung.

Das sind ungefähr die wesentlichsten Wahrheiten, auf die sich der christliche Glaube und das christliche Leben gründet, ohne welche das Christentum, das noch diesen Namen verdient, nicht bestehen kann, und in welchen die Grundlage reiner Sittlichkeit, mit welcher das Christentum steht und fällt, klar zu Tage tritt. Ich habe dabei absichtlich von jeder dogmatischen Formulierung abgesehen, da es darauf hier nicht ankommt, wo es sich einzig um den Nachweis handelt, dass das Christentum überhaupt — mag man es nun so eng oder so weit fassen als man will — jedenfalls die Sinnesänderung und Bekehrung nicht nur als möglich voraussetzt, sondern als unumgängliche Heilsbedingung fordert.

Ist nun die Richtung des Willens jedes Menschen unabänderlich so bestimmt, dass und wie weit er entweder selbstlos, oder aber lieblos handeln muss, so ist eine Verkehrung des selbstlosen oder eine Bekehrung des selbstsüchtigen undenkbar, insofern ja dann überhaupt keine Änderung der Willensrichtung möglich ist. Ist aber diese unveränderlich, dann gibt es auch keine Willensverkehrtheit, keine Sünde. Fordert also das Christentum von dem Menschen, dessen Wille unabänderlich bestimmt ist, die Bekehrung von der Sünde, als Bedingung der Teilnahme am Reiche Gottes, das es den Menschen bringen will, so fordert es etwas Unmögliches. Ist aber schon diese erste unumgängliche Forderung des Christentums sinnlos, so ist es selbst sinnlos. Ich deute nur darauf hin, dass, wenn eine Bekehrung an sich etwas Unmögliches ist, eine völlige Sinnesänderung, eine Reinigung des Herzens und Erneuerung des Lebens bis zu göttlicher Vollkommenheit, das letzte Ziel des Christentums, womöglich noch unmöglicher wird. Wie sollte man auch einen Weg gehen können, den man nicht einmal betreten kann, weil die einzige Pforte, die zu ihm führt, zu enge ist!

Und doch wird mancher mir vorwerfen, dass ich den Begriff des Christentums nicht einmal erschöpft habe, da ihm noch ein wesentliches Merkmal fehle, nämlich das der Erlösung. Christus fordert, sagen sie, nicht nur die Bekehrung von der Sünde, sondern als notwendige Vorbedingung des neuen Lebens die gläubige Hingabe an ihn selbst, der allein wahrhaft von der Sünde erlöst. Nun, soviel ist jedenfalls klar: Da es für diejenigen, die die Unfreiheit des Willens annehmen, wie wir sahen, keine Sünde geben kann, so wird für sie auch die Erlösung von derselben und Christus als Erlöser sinnlos. Gibt es keine Freiheit des Willens, so gibt es keine Sünde; gibt es keine Sünde, so gibt es keine Erlösungsbedürftigkeit, und gäbe es eine, so gäbe es doch keine Erlösungsmöglichkeit. Sind aber „Erlösung" und „Erlöser" leere Worte, so ist auch das Christentum ein leeres Wort.

Überblicken wir das bisher Gewonnene: Ohne Freiheit des menschlichen Willens keine Sittlichkeit, kein Recht, keine Religion, kein Christentum. Halten wir nun dies Ergebnis an das Leben der menschlichen Gesellschaft, zunächst an seine natürliche Grundlage, die Familie, und sodann an die wichtigsten Einrichtungen eines geordneten Gemeinschaftslebens: an Kirche, Schule und Staat.

Sittlichkeit, Recht und Glaube sanken dahin mit der Annahme der Unfreiheit des menschlichen Willens. Bilden Sittlichkeit und Glaube den innern, so bildet das Recht den äussern Halt nicht nur für das Leben des einzelnen Menschen, sondern vor allem für die engeren und weiteren Kreise menschlicher Vereinigungen. Brechen nun diese drei Stützen, so liegen die Folgen für Familie, Kirche, Schule und Staat, die auf ihnen ruhen, auf der Hand.

Gibt es keine Willensfreiheit und somit keine Pflicht, nichts

Löbliches oder Verwerfliches, Gutes oder Böses, und will man dennoch von einer Richtschnur des Handelns reden, so ist nun keine mehr möglich als der egoistische Genuss. Welche Arten des Genusses vorzuziehen seien, darüber dürfte bei der Menge kein Zweifel herrschen. Jedenfalls kann man niemandem aus dem Geschmacke, den er nun einmal hat, einen Vorwurf machen oder ihm mit Aussicht auf Erfolg einen andern empfehlen. Denn das ist eben Geschmackssache. Wer aber den Genuss sucht, wird sich diesen mit möglichst geringen Opfern zu verschaffen suchen.

Wenden wir dies nun auf das Familienleben und seine Grundlage, die Ehe, an. Die nur genusssüchtigen Menschen werden die vielen, mit dem ehelichen und Familienleben verbundenen Opfer entweder ganz scheuen oder sie nicht mehr bringen, wenn sie im Vergleich zu dem dadurch zu erzielenden Genusse zu teuer sind. Immerhin würde wohl das Familienleben der Tiere deshalb noch ein innigeres und festeres sein, weil bei diesen der Instinkt überhaupt stärker ist, und so auch der Instinkt der Jungenliebe, wenigstens auf Zeit, unwillkürlich noch mehr für den Bestand der Familie sorgen würde, als bei dem Menschen, wo viele Reflexionen der Vollziehung dieses natürlichen Berufs hinderlich wären. Man male sich ein solches Familienleben selbst weiter aus, das auf dem Rechte der Misshandlung, der Tötung und des treulosen Verlassens, des beliebigen Zusammen- und Auseinanderlaufens und jeder Art kahlster Selbstsucht und launischer Willkür ruht.

Wenn so das Familienleben nach Entziehung seiner sittlichen Wurzel, welche durch den Fall der Willensfreiheit mit fortgerissen wird, zusammenbrechen und vertieren muss, sollte es mit dem gesellschaftlichen Leben, das sich auf der Grundlage der Familie selbst nach verschiedenen Richtungen hin erbaut, anders sein können?

Dass die Kirche, eine Vereinigung und Einrichtung mit ausdrücklich religiösem Zwecke hinfällt, wenn es keine Religion mehr geben kann, versteht sich von selbst.

Dagegen meinen manche,[13]) die Schule werde um so eher, vielleicht ausschliesslich ihren Zweck erreichen können, wenn die Willensfreiheit der Erziehung keine Hindernisse in den Weg lege. Denn gerade, weil der Wille nicht frei sei, sondern seine Entscheidungen notwendig durch diejenigen Vorstellungsmassen bestimmt würden, welche die grössere Stärke besässen, werde eine richtige Erziehung ihn zur Entscheidung für das Gute zwingen können. Diese Meinung geht von der durch die Erfahrung widerlegten Voraussetzung aus, als wäre allein die verkehrte Erziehung an der verkehrten, egoistischen Willensrichtung schuld. Gibt es doch aber Leute, welche die beste Erziehung genossen haben und doch ausgemachte Egoisten sind! „Gut," sagt man, „dann war eben ihre Natur von Hause aus selbstsüchtig angelegt!" — Damit gibt man zu, dass die Naturanlage des Menschen als mehr oder weniger zur Selbstsucht geneigt von vorn herein gegeben ist. Durch diese Natur ist aber der Wille, falls er nicht frei ist, d. h. wenn der Mensch keine Mitbestimmung auf seine Natur ausüben, sich nicht selbst erziehen kann, unabänderlich bestimmt. So wird der sittliche Erfolg selbst der besten Erziehung, — wenn das Wort sittlich hier noch einen Sinn hat — notwendig in der prädestinierten Richtung ausfallen. Es wird sich das Schlechte und Gute mehr oder weniger entwickeln: ändern wird sich hier nichts. An Besserung des Charakters, worauf die Erziehung es vor allem absehen muss, ist nicht zu denken. Alles ist Dressur. Ein Mann, wie Schopenhauer, war klug genug, dies einzusehen, und ehrlich genug, es einzugestehen. Wie kann von Besserung die Rede sein, wenn es gut und böse nicht gibt, wie von wahrer Erziehung, als der Heranbildung der sittlichen Persönlichkeit, wenn es keine Sittlichkeit, also auch keine Persönlichkeit gibt? Denn diese als solche muss doch auf sich selbst ruhen, was ohne Freiheit der Selbstbestimmung unmöglich ist. Die auf Zeit scheinbar zurückgedrängte Natur wird immer wieder ihre Rechte fordern. Der Mensch, vom äussern Zwange frei, wird dem innern Zwange — wenn nicht der innern Freiheit — gehorchen. Ohne Selbstzucht ist nur Selbstsucht, aber keine wahre Erziehung möglich.

Ja worin sollte denn auch die Erziehung bestehen? In Erfüllung der Phantasie mit erhabenen Bildern? — Wo bleibt das Erhabene, wenn der Mensch keinen sittlichen Kern hat, weil es überhaupt nichts Sittliches, keinen Eigenwert von gut und böse gibt? — In Begeisterung des Herzens für edle Ziele? — Welches Ziel ist edler als das andre, wenn Tugend und Laster gleichwertig sind? — In Ausbildung des Verstandes zu richtigem, sittlichem Urteil? — Aber die Thaten haben ja keinen sittlichen Wert! — Welche Lebensart verdient den Vorzug, an welche Lebensordnung soll die Erziehung gewöhnen, wenn die völlige sittliche Unordnung nicht mehr Anspruch hat als die gewissenhafteste, erhabenste Ordnung? Denn wo es keine Pflicht mehr gibt, hören eben alle Ansprüche auf.

Wenn es also bei dem Kriegszustande aller gegen alle, den die durchgreifende Selbstsucht heraufbeschwört, noch eine Schule geben kann, so kann das Ziel derselben nur sein die Ausbildung der körperlichen und geistigen Fähigkeiten zu dem einzig noch möglichen Zwecke der grössten sinnlichen Genussfähigkeit. Der Erfolg aber, welchen die so durch den Unterricht ausgebildeten Fähigkeiten im Kampfe der Selbstsucht gegen die recht- und pflichtlose Gesellschaft haben könnten, würde von dem Verhältnis der beiderseits entwickelten Kraft abhangen.

Ob überhaupt und wie lange eine solche, nur von der Selbstsucht regierte Gesellschaft, deren entsprechende Form die rücksichtslose Herrschaft des oder der Stärkeren wäre, bestehen könnte? Lange könnte der Ruin dieser Gesellschaft, deren Prinzip, wenn sie eines haben könnte, die Unordnung wäre, gewiss nicht ausbleiben. Ein gesetzlich geordnetes Gemeinwesen, ein Staat, wäre keinesfalls ohne alle Pflichten und Rechte möglich. Thatsächlich gründen sich alle Staaten auf das Fundament von Pflichten und Rechten: des Lebens, der Arbeit, des Eigentums, des Verkehrs u. s. w., und wo diese hinfallen, bricht die Staatsordnung zusammen. Während der Instinkt mancher Tierarten, der Ameisen, Bienen u. a. genügt, um eine gewisse Organisation gemeinsamer Arbeit zu ermöglichen, finden wir, dass diejenigen wilden Volksstämme, für deren Handlungsweise die Stammesselbstsucht wirklich massgebend ist, sich gegenseitig aufreiben. Jedenfalls ist der ganze Bestand und Fortbestand rechtloser Völker auf die rollende Kugel unberechenbaren Zufalls gebaut. Es wird daher fast so glaublich sein, dass durch das Zusammenschütteln einiger Hunderttausende von Buchstaben zufällig der Kosmos eines homerischen Epos, oder dass einst durch das zufällige Zusammenstossen von unzähligen Atomen der Kosmos der Welt entstanden sei,[14] als dass durch den Kampf ums Dasein zwischen rein selbstsüchtigen Einzelnen allmählich der Kosmos eines Staates entstehen und bestehen könnte.

Man denke sich nur jedes Pflicht- und Rechtsgefühl und jede Religiosität dem Volke abhanden gekommen — und alle diese Dinge verdanken die Möglichkeit, ja die Berechtigung ihres Bestehens nur der Willensfreiheit, ohne welche sie sinnlos, daher verwerflich sind, — man denke sich, dass diese Folgerungen aus der Leugnung der Willensfreiheit nicht nur für den grünen Tisch, sondern für das Leben, redlich und unerbittlich gezogen werden, dass diese Weisheit das Gemeingut des ganzen Volkes oder Staates, der ganzen Menschheit werde: wird der Rest noch ein Leben sein, das lebenswert ist?

Und gibt es nicht schon Leute, die dieses Glaubens auch leben? Haben wir nicht schon Stimmen zügelloser Selbstsucht gehört, welche mit aller Energie die Erde fordern, seit man ihnen den Himmel genommen habe? Diese Leute, welche den unbeschränkten, rücksichtslosen Genuss als ihr Recht beanspruchen, berufen sich mit Recht darauf, dass dieser die praktische Folgerung aus jener Lehre sei, welche eine unerbittliche Notwendigkeit als einziges Weltgesetz und somit Begriffe, wie Willensfreiheit, Pflicht, Sittlichkeit und Gott als Traumbilder einer überspannten Einbildungskraft erwiesen oder als Gaukelbilder trügerischer Pfaffen entlarvt habe. Was übrig bleibe, sei der selbstsüchtige Genuss als das einzige Gut und darum auch einzig mögliche Ziel.

Ist aber auch dieser im Grunde nichtig: so verträgt sich eine Lehre, welche das ganze Leben, ja die ganze Welt für wert- und zwecklos erklärt, vortrefflich mit einem Leben, welches der geizigen Welt noch den möglichst grössten Genuss abjagt. So ist das Evangelium des schrankenlosen Egoismus folgerichtig der Pessimismus und Nihilismus.

Freilich haben jene Bekenner der Unfreiheit des Willens zuweilen doppelte Buchführung für sich und andre. Selbst wer die Willensfreiheit bestreitet, missgönnt seinem Kammerdiener, wie jener berühmte Atheist bekannte, nicht diejenige Portion von Pflichtgefühl und Religiosität, welche dazu hinreicht, dass dieser nicht eines Tages, wo er sich vor Bestrafung gesichert weiss, seinem schlummernden Herrn den Hals abschneidet. Vielmehr wünscht derjenige, welchem der Glaube an Gott und Pflicht verloren ging, doch, dass dieser nicht auch dem andern entschwinde, in dem richtigen Instinkte, dass, wenn das Gedankenspiel der Sinnlosigkeit einer Pflicht in Lebensernst verwandelt würde, alles aufhören müsste. Denn dann wäre freilich kein Mensch mehr seines Eigentums, dieses nun rechtlos, d. h. „Diebstahl" gewordenen Gutes, niemand seines Lebens mehr sicher.

Niemals ist die Selbstsucht völlig entfesselt gewesen. Denn der letzte, göttliche Funke des Pflichtbewusstseins, dessen Dasein man oft für ein Phantom, oft für sinnlos erklärt hat, war noch nie auf der Erde erloschen. Wo aber auch nur einige Fesseln zerbrachen, wie im dreissigjährigen Kriege, in den Revolutionen, da hat die Erde Greuel erlebt, vor deren Wiederkehr jeden ein Grauen ergreift, wie vor höllischen Mächten. Die völlige Entfesselung des Egoismus aber würde für die Menschen den Untergang der Welt bedeuten. Wenn die Sonne der Liebe ganz unterginge, müsste da nicht eine Eiskruste kältester Selbstsucht die Herzen der Menschen überziehen und alles Leben in Todesnacht begraben?

Wir haben soeben einige Folgerungen zu ziehen versucht welche sich aus der Annahme der Unfreiheit des Willens ergeben. Wir fanden, dass, wenn der Mensch keine Willensfreiheit hat, es auch keine Sittlichkeit geben kann, da alsdann Worte, wie Sollen und Pflicht, Gut und Böse, ihren Sinn verlieren. Mit der Pflicht sank dann auch das Recht dahin. Die Religion aber als ein wesentlich sittliches Verhältnis des Menschen gegenüber einer alles umfassenden sittlichen Macht brach ebenfalls zusammen, nach Entziehung ihrer sittlichen Grundlage. Mit ihr fiel das Christentum. Dies wurde auch als eigentümliche religiöse Erscheinung schon von vorn herein insofern unmöglich, als es auf der Voraussetzung der Sünde, Bekehrung und Erlösung fusste: leere Worte, wenn es keine Willensfreiheit gibt.

Durch Anwendung dieses Resultates auf die Formen der menschlichen Gemeinschaft: Familie, Kirche, Schule und Staat ergab sich, dass dieselben, da sie auf Sittlichkeit, Glauben und Recht als auf ihren Stützen ruhen, mit dem Brechen derselben ihren Halt verlieren, zumal nun die Willkür der Selbstsucht die einzige noch mögliche Richtschnur für das Handeln bilden würde. Die Kirche ward zwecklos und inhaltsleer. Die Erziehung ward eine Dressur zu selbstsüchtigen Zwecken. Dem Staate wurde zumal mit dem Rechte der feste Boden entzogen, und es war überhaupt für den Bestand irgend einer gesellschaftlichen Ordnung keine Berechtigung mehr zu finden, wo alles auf den grundsatzlosen und vom Belieben des Moments geleiteten Egoismus der Einzelnen gestellt war.

Die Weltanschauung des Egoisten aber war folgerichtig der Nihilismus. Wie weit nun mit solchen Grundsätzen überhaupt irgend welche gesellschaftliche Ordnung verträglich sei, darüber stellten wir Vermutungen auf, die man immerhin für zu schwarz ansehen mag. Dunkel genug werden die Aussichten bleiben. Wollte man selbst zugeben, dass der allgemeine Egoismus der

Einzelnen sich von selbst im gegenseitigen Verkehr so weit beschränken werde, dass ein freilich niemals sicherer Genuss wenigstens einiger, sinnlicher Lebensgüter dabei bestehen könnte: für jeden besseren Menschen — ich fürchte nicht, dass sich jemand ausnehmen wird — wäre doch alles verloren. Denn ein Leben, dessen einzige Triebfeder die Selbstsucht wäre, hätte für uns keinen Wert mehr.

Für diejenigen, welche einigen sittlichen Geschmack besitzen, wäre es vielleicht auch ein nicht ganz behagliches Gefühl, denken zu müssen, dass sie, falls es keine Willensfreiheit gibt, wie Gliederpuppen und Uhrwerke von einer unbekannten Macht gestellt und aufgezogen werden, und dass, wenn sie selbst, mit männlichem Entschluss, sich an ein schweres Werk zu wagen meinen oder in todesbitterem Schmerze eine That bereuen, diese Macht nur ein, wenn nicht empörend grausames, doch zur Verzweiflung sinnloses Possenspiel mit ihnen treibt.

Wenn sich nun aus der Annahme der Unfreiheit des Willens solche Folgen für das Leben nach allen Seiten hin ergeben, wenn Glaube und Tugend, Pflicht und Recht dahinfallen, wenn alles dasjenige, was uns bisher als das Tiefste und wahrhaft Göttliche am Menschen erschien, zu sinnlosen Worten wird, von denen man gar nicht begreifen kann, wie sie überhaupt entstehen, geschweige denn solche Macht gewinnen konnten, wenn die Anwendung solcher Grundsätze auf das Leben alle seine Ordnungen umstürzen müsste, so dass es für jeden besseren Menschen schlimmer als der Tod, kaum für den Verbrecher noch lebenswert erscheinen würde, wenn dem so ist: was sollen wir von der Wahrheit einer Annahme, nämlich der Unfreiheit des Willens halten, aus welcher solche Folgen sich ergeben? Widerstrebt nicht der blosse Gedanke, dass eine solche Ansicht soll wahr sein können, unserm tiefsten Gefühl, unserm innersten Herzen, allen besseren Regungen? Sollen alle diese Empfindungen auf Lüge und Täuschung beruhen, nur damit dergleichen wahr sein könne? Das soll wahr sein, was nicht nur die wertvollsten Thatsachen des Lebens in uns zu unerklärlichen Rätseln macht, was sich nicht nur in seinen notwendigen Folgen als durchaus unpraktisch, unbrauchbar, unnütz für das Leben erweist, sondern was dasselbe vielleicht ganz unmöglich machen, jedenfalls jeden wahren Wert desselben zerstören würde? Graut uns nicht davor, eine solche Mördergrube zu betreten, in die viele Schritte hineinführen, aus deren Abgrund aber keine Spur zurückweist?

Hier aber heisst es: entweder, oder. Nimmt man einen Satz an, so muss man alle Folgen mit in den Kauf nehmen. Den richtigen Folgerungen kann nur derjenige die Wahrheit absprechen, welcher die Prämisse für falsch erklärt. Für wen Christentum und Sittlichkeit, Glaube und Recht, kein verwerflicher Selbstbetrug, sondern inhaltsschwere Ideen sind, ewige Wirklichkeiten, welche die höchsten Güter der Menschheit bilden, wohlan, der nehme die Wirklichkeit der menschlichen Willensfreiheit an! Denn sie bildet die notwendige Bedingung dafür, dass jene Ideen wahr sein können.

Gibt es demnach Wahrheiten, deren Anerkennung unser Herz, das nicht der unbedeutendste Teil unsres Geistes ist, gebieterisch fordert, gibt es Postulate der Vernunft, so ist die Willensfreiheit ein solches Postulat.

Der soeben geführte, indirekte Beweis ihrer Existenz wird daher für alle diejenigen zugkräftig sein, welche an Gott, Tugend und Sittlichkeit u. s. w. glauben. Für die andern, welchen wenigstens gegenüber den Ergebnissen aus der Unfreiheit des Willens gewisse Bedenken wegen der Richtigkeit dieser Annahme entstanden sind, möchte eine Revision derselben wünschenswert erscheinen. Mögen sich nun alle, welche mit mir das Bedürfnis teilen, sich über diesen Punkt Klarheit zu verschaffen, an eine erneute Untersuchung desselben machen, dessen Bedeutsamkeit jetzt wohl klar genug vor Augen liegt.

Kritischer Beweis der Möglichkeit der Willensfreiheit.

Gibt es eine Willensfreiheit oder nicht? Was ist es eigentlich, was so manchen von der Anerkennung derselben abhält, der doch kein Interesse hat, ihr Nichtdasein zu wünschen? Es sind hier die Einwände nicht ohne Gewicht, die von wissenschaftlicher und gläubiger Seite her nicht sowohl erst gegen ihre Thatsächlichkeit, sondern schon gegen ihre Möglichkeit erhoben werden. Sollte aber nachgewiesen werden können, dass sie überhaupt unmöglich sei, dann könnten wir uns den Versuch, ihre Thatsächlichkeit nachzuweisen, ersparen, da etwas Unmögliches nicht wirklich sein kann. Jeder Beweis derselben würde nur scheinbar und sophistisch sein können. Prüfen wir daher zunächst die Einwände, welche man gegen ihre Möglichkeit macht, und schreiten wir erst nach der Widerlegung derselben weiter vor.

Man hört öfter die Äusserung, die Freiheit des menschlichen Willens widerspreche schon der Denklehre. Man könne von ihr eigentlich nur reden, aber sie nicht wirklich denken, da ihr Begriff unmöglich sei. Denn man nehme, wenn man eine Willensfreiheit behaupte, etwas als daseiend an, das gar kein bestimmtes Wesen habe.

Jedes Ding nämlich, das überhaupt da sei, müsse ein bestimmtes Wesen, eine ganz bestimmte Natur haben. Besitze es aber diese, so könne es sich nur in der Weise äussern, welche ganz genau dieser seiner natürlichen Beschaffenheit entspreche, die sich eben in diesen Äusserungen darstelle. Wenn man sich nun denke, dass sich der Wille eines bestimmten, einzelnen Menschen so, aber auch anders, äussern könne, als durch seine Beschaffenheit notwendig vorher bestimmt sei, so nehme man eben damit kein bestimmtes Wesen, also überhaupt kein Wesen desselben, sondern ein wesenloses Etwas an, das, als sich selbst widersprechend, gar nicht existieren könne.

Es beruhe daher die Meinung, man könne sich in einem bestimmten Augenblicke so, aber auch anders, etwa entgegengesetzt, entschliessen, man habe so, aber auch anders, handeln, eine That thun, aber auch lassen können, notwendig auf einer Stelbsttäuschung. Hätte man anders handeln können, als man es that, dann würde man es eben gethan haben. Aber eben, dass man so gehandelt habe, wie man handelte; dass man, vielleicht nach langem Schwanken, sich endlich hierzu und nicht dazu entschloss, beweise, dass der Wille thatsächlich so und nicht vielmehr anders beschaffen sei und sich daher auch nicht anders äussern konnte, sondern gerade so äussern musste, wie er es that.[15]

Nun ist es ja freilich zweifellos, dass alles Daseiende, also auch der Wille, ein ganz bestimmtes Wesen haben muss, und dass er sich daher nur in der Weise äussern kann, welche ganz genau seinem Wesen entspricht. Daraus folgt aber nicht ohne weiteres, dass die Willensakte so, und nicht anders, verlaufen müssen, wie sie verlaufen. Dies würde nur unter der Voraussetzung daraus folgen, die man bisher als notwendig nachzuweisen versäumte, nämlich, dass das Wesen des Willens ein unfreies ist. Wenn man freilich dies, was man beweisen will, von vorn herein in den Prämissen als bewiesen voraussetzt, so ist es nicht schwer, aber unnötig, dasselbe zu erschliessen. Wozu für eine einfache Behauptung die Form eines Schlusses wählen?! Man erschliesst ja doch gar nichts Neues, sondern behauptet nur das schon in den Prämissen ohne Grund Behauptete noch einmal ohne Grund im Schlusssatz. Denn dass, wenn das Wesen des Willens ein unfreies ist, auch die Willensakte unfrei sein müssen, versteht sich doch wohl von selbst.

Sehen wir dagegen von dieser nicht erwiesenen, sondern eben zu erweisenden Behauptung ab, so folgt die Unfreiheit der Willensakte keineswegs notwendig daraus, dass dieselben dem Wesen des Willens entsprechen müssen. Gehörte z. B. zum eigentümlichen Wesen meines selbstbewussten Geistes die Fähigkeit, mich durch Selbstbestimmung zu entscheiden, so würde sich diese, meiner geistigen Natur wesentliche Anlage nur in freien Willensakten äussern können. Und wollte man dann annehmen, dass der Wille sich auch anders, d. h. unfrei äussern könnte, so würde man damit kein bestimmtes Wesen, sondern ein wesenloses Etwas behaupten, das, als sich selbst widersprechend, nicht existieren könnte.

Nun fragt es sich nur, wie denn dieses Wesen meines Willens beschaffen ist. Ob zum Wesen des Ichs, soweit es sich im Willensvermögen ausdrückt, eine Art Weiterbestimmung seiner bisherigen Natur, eine Selbstentscheidung für bestimmte Willensakte gehört, die Entscheidung darüber unterliegt weder dem Beschlusse eines päpstlichen Stuhles noch dem subjektiven Belieben eines anderen Willens, sondern der sich bescheidenden, wahrheitsliebenden Selbstbeobachtung. Ob es überhaupt und was für Arten von Wesenheiten es gibt, kann nicht die Denklehre, sondern nur die Forschung feststellen, da es sich hier nicht um blosse Gedanken, sondern um Beschaffenheit wirklicher Dinge handelt. Ja was überhaupt Wesenheit ist, kann ich nur auf eine einzige Weise erfahren, nämlich durch Erforschung meines eigenen Wesens. Aus den Äusserungen andrer Dinge aber auf ihr Wesen zu schliessen, habe ich nur dadurch und insofern eine Berechtigung erlangt, als ich an mir selber erfahren habe, dass meine Äusserungen aus meinem Wesen hervorgehen und ihm entsprechen.

Mag es nun für wahrscheinlich gelten, dass sich alle Bewegungen des Tieres aus einem Wesen desselben erklären lassen, dem an keinem Punkte eine Mitbestimmung über sein Selbst zusteht. Wollte man aber ohne weiteres jene Art der tierischen Wesenheit auf den Menschen übertragen, so würde dies, wie gesagt, nicht nur die Verallgemeinerung einer wahrscheinlichen Annahme über die Grenzen des bestimmten Gebietes hinaus bedeuten, für welches sie als wahrscheinlich gelten mag, sondern, insofern bedeutende Thatsachen des geistigen Lebens des Menschen solcher Annahme gegenüber unerklärlich erscheinen, würde es ein unwissenschaftliches Vorurteil sein, und zwar so lange, bis der ausdrückliche Nachweis der Berechtigung jener Übertragung geführt wäre. Dies könnte aber offenbar nur auf Grund innerer Erfahrung geschehen, welcher allein die Entscheidung über das Wesen der Dinge zusteht.

Ob man wirklich eine Willensfreiheit besitze oder nicht, darum handelt es sich hier noch nicht. Ihre Möglichkeit aber kann, wie wir sahen, vom Begriffe des Wesens aus nicht bestritten werden.

Man versucht dies nun vom Begriffe der Ursächlichkeit aus zu thun, mit dem Einwurf, dass eine Handlung, die von einer freien Willensentscheidung ausgehe, etwas Unursächliches[16]) sei: denn sie sei nicht die notwendige Wirkung einer Ursache, da sie auch nicht stattfinden könne.

Soweit ist die Sache sehr richtig. Denn die Handlung ist eben in keinem Falle die notwendige, sondern die freiheitliche Wirkung einer Ursache. Wenn man aber ohne Beweis voraussetzt, solche freiheitliche Wirkungen gebe es nicht, und darum unbefangen weiter schliesst: da sie nicht die notwendige Wirkung einer Ursache sei, so habe sie überhaupt keine Ursache, sei etwas Unursächliches, so ist das eben so lange eine leere Voraussetzung, bis man bewiesen hat, dass es keine freiheitlich wirkende Ursache gibt, dass also die unfreie Ursächlichkeit, wie man sie für das Reich der leblosen Natur und vielleicht auch für das Tierreich anzunehmen, Grund haben mag, die einzig mögliche ist.

Vergeblich beruft man sich für diese Voraussetzung auf den Satz vom Grunde, nach welchem die Wirkung völlig bestimmt sei durch die Ursache. Ist doch auch nach der Ansicht derer, welche eine Willensfreiheit annehmen, jede That durch das Wesen des frei wollenden Geistes, als durch seine Ursache, völlig bestimmt. Das Wesen der bestimmten Ursache aber können wir, wie das Innere alles Seins und Geschehens, eben nur aus der Erfahrung kennen lernen, das Wesen unsrer eignen Urheberschaft nur aus unsrer eigenen, inneren Erfahrung. Darüber sagt der Satz vom Grunde nichts aus, der ja nur das allgemeine Gleiche aller Vorgänge überhaupt, jedes Zusammenhangs zwischen Ursache und Wirkung, als Gesetz ausdrückt. Er hat also mit der besonderen Art der Ursächlichkeit selbst gar nichts zu thun, welche vielmehr einzig vom Wesen des bestimmten Ursächlichen abhängt. Sollte demnach die Erfahrung ergeben, dass die Akte meines Willens durch die freie Selbstentscheidung meines Ichs verursacht werden, so könnte dagegen kein Räsonnement etwas bedeuten, welches, den Boden der Erfahrung verlassend, sich in Denkmöglichkeiten erginge. Also vom Begriffe der Ursache und vom Satze des Grundes aus, der sich nur auf die Entsprechung von Ursache und Wirkung bezieht, aber nichts über das eigentliche Wesen des Ursächlichen selbst ausmachen kann, lässt sich gegen die Möglichkeit einer Willensfreiheit nichts einwenden. Und nur um die Möglichkeit handelt es sich hier. Ob sie wirklich ist, ist eine andre Frage. Wie aber der frühere Einwurf auf ein Vorurteil über den Begriff des Wesens zurückging, so schliesst die Einwendung, die Freiheit des Willens sei eine Unursächlichkeit, eine unerwiesene Voraussetzung über den Begriff der Ursächlichkeit in sich.

Doch die unberechtigte Übertragung der Giltigkeit des Begriffs einer durchaus bedingten Ursächlichkeit auf ein derselben zunächst fremdes Gebiet scheint mir mit einem andren Vorurteil zusammenzuhängen. Indem wir die stetige Wirkungsweise der lebendigen Kräfte als Gesetze aufzufassen uns gewöhnt haben, haben diese letzteren den Schein von Selbständigkeit und Eigenlebendigkeit, das Thätige und Lebendige selbst dagegen hat den Schein des Unselbständigen und Leblosen erhalten, das sich diesen Gesetzen unbedingt zu fügen verpflichtet ist. So hat sich unser Blick selbst für die hohe Eigenlebendigkeit unsrer Geisteskraft, die uns doch von vorn herein ins Auge fallen sollte, so sehr geschwächt, dass wir, an die Selbstherrlichkeit der Naturgesetze in allen übrigen Teilen der Welt gewöhnt, diese auch da voraussetzen, wo entschiedene Thatsachen, die zu erörtern unsre spätere Aufgabe sein wird, auf eine andersartige, freiere Gesetzlichkeit hinweisen. Ja, eine solche weniger starre Gesetzlichkeit erscheint einigen gar so fremd, dass sie dieselbe von vorn herein durch den aus Vorurteilen stammenden und Vorurteile zeugenden Titel „Unursächlichkeit" bemäkeln.

Und so ist es denn nur eine andre Form des eben besprochenen Einwurfs, wenn man gegen die Möglichkeit einer Willensfreiheit einwendet, sie stehe in Widerspruch mit der durchgreifenden Naturgesetzlichkeit.

Soll diese letztere die ganz bestimmte Wirkungsweise jeder Kraft und daher die ganz bestimmte Art des Nacheinander- und Wechselwirkens der Kräfte bedeuten, so kann eine Willensfreiheit derselben nicht widersprechen, da sie ja als Kraft ganz bestimmte Wirkungen äussert, welche geäussert, sofort dem allgemeinen Zusammenhange aller Wirkungen, d. h. der Naturgesetzlichkeit unterliegen, je nach ihrer Beziehung zu den übrigen Wirkungen und Kräften der Dinge. Aus was für einem Wesen aber jene Wirkungen der Willenskraft hervorgehen, aus einem sich selbst bestimmenden oder durchaus bedingten, das kann man ihnen nicht äusserlich, sondern nur innerlich anmerken. Dies hat übrigens auf die Form ihrer Äusserung nicht den geringsten Einfluss, geht also die Naturgesetzlichkeit gar nichts an. Die Wirkung ist eben da, wie sie ist, und wirkt, was sie kann, mag sie aus Freiheit oder Notwendigkeit entsprungen sein.

Meint man aber mit Naturgesetzlichkeit, welcher die Willensfreiheit widerspreche, wodurch sie sich eben als unmöglich erweisen soll, eine durchaus bedingte Ursächlichkeit, so ist dieser Einwand oben bereits widerlegt. Übrigens erscheint er insofern als untriftig, als unstreitig die Vorgänge zumal des höheren geistigen Lebens grosse Verschiedenheiten von den übrigen Vorgängen zeigen, also auch die Gesetzlichkeit derselben eine verschiedene sein muss. Wie weit? darüber lässt sich von vorn herein nichts Bestimmtes sagen. Dies festzustellen, verbleibt der unbefangenen Forschung.

Wäre nun diese thatsächliche Verschiedenheit allgemeiner anerkannt, und würde nicht vielmehr vielfach eine durchgängige Gleichheit des inneren und äusseren Lebens und ihrer Gesetze einfach vorausgesetzt, dann würde damit auch der folgende Einwand sein Bestechendes verlieren.

Man behauptet nämlich: Eine Willensfreiheit sei unmöglich; denn ihre Annahme hiesse „ein zweites, entscheidendes Ich über das eigentliche uns angeborene Ich setzen."[17]

Der Einwurf übersieht ganz, dass diese Verdoppelung des Ichs nicht erst beim wollenden, sondern schon beim selbstbewusst denkenden Ich stattfindet, und dass sie eben dasjenige ist, was den Geist als solchen kennzeichnet, was das Ich zum Ich macht.

Jedesmal, wenn ich „ich" sage, stelle ich mich mir vor. Dabei ist also erstens das vorstellende und zweitens das vorgestellte Ich, und doch bin ich eben beides zugleich und eben dadurch wahres Ich. Dies ist die denkende Beziehung des Ichs auf sich selbst. Sollte nun noch eine andre, nämlich die wollende Beziehung des Ichs auf sich selbst als thatsächlich innerlich erfahrbar sein, vermöge deren ich mich selbst entscheide, (in bestimmter Richtung thätig zu sein), so sind diese beiden Selbstbeziehungen zwar von einander verschieden, als Äusserungen des selbstbewussten Denkens einerseits und des Wollens andrerseits; aber der Entscheidungsakt bringt doch nur eine neue Art der Beziehung des doppelten Ichs auf sich selbst, aber nicht erst die Verdoppelung, welche er, als dem Ich als solchem eigentümlich, vielmehr voraussetzt. Denn die Entscheidung kann ja nur eine selbstbewusste sein.

Diese unbestreitbare Selbstbeziehung des denkenden Geistes auf sich selbst, vermöge deren er sich selbst als seienden und thätigen im Unterschied von seiner Thätigkeit erfasst und auffasst, d. h. zu seinem Objekt macht, während er doch zugleich Subjekt bleibt, einerseits also Subjekt ist, andrerseits Subjekt-Objekt, diese Selbständigkeit, vermöge deren er sich selbst auf sich (acc.) richtet, sich über und vor sich stellt, sich selbst sich vorstellt, sich selbst gegenüber steht und besteht, — ist eben die notwendige Bedingung für jenen höheren Grad der Selbständigkeit, den man als Willensfreiheit bezeichnet, vermöge deren das Ich (Subjekt) sich selbst (Subjekt-Objekt acc.) in sich (dat.) richtet (dirigiert, sich eine bestimmte Richtung gibt), sich in einer bestimmten Richtung will und so entscheidet und bestimmt. Dabei tritt es also aus der Ruhe des Sich-selbst-gegenüberstehens heraus und geht dazu über. sich selbst einen Impuls, eine Bewegung zu geben.

So ist das doppelte Ich, welches sich entscheidet, kein andres als das doppelte Ich, welches sich selbst weiss. Nicht erst die Freiheit der Entscheidung, sondern schon das Selbstbewusstsein setzt das zweite Ich, welches nur dann, von der Grundlage dieses Verdoppelungszustandes aus, bei der Entscheidung zu sich in die neue Beziehung der Selbstbestimmung tritt. Dies zweite „Ich" kann also unmöglich als Grund gegen die Möglichkeit einer Willensfreiheit geltend gemacht werden. Denn dann wäre ja auch ein Selbstbewusstsein unmöglich.[18]

Es fragt sich nun, ob dieses Ich, das als reiner, denkender Geist in sein Wesen eindringt und thatsächlich seiner selbst kundig ist, auch seiner selbst mächtig ist; ob es von seinem Selbst nicht nur besessen wird, sondern es auch besitzt; ob es sich nicht nur unwillkürlich theoretisch im Selbstbewusstsein, sondern auch willkürlich praktisch in der Selbstbestimmung, als selbständig bethätigt; ob das Ich, das sich seiner Natur als selbstbewusstes thatsächlich frei gegenüberstellt, diese seine Natur auch an einem Punkte mit zu bestimmen vermag. —

Die bisherigen Einwände gegen die Möglichkeit der Willensfreiheit gingen aus gewissen Vorurteilen über das Wesen der Dinge und die Naturgesetze hervor. Wir gehen jetzt zu einigen Einwürfen über, welche ihre Möglichkeit auf Grund gewisser Glaubenssätze bestreiten. Diese Einwände haben natürlich einen subjektiven Charakter, fallen aber doch insofern ins Gewicht, als viele Leute, von der Wahrheit bestimmter Glaubenssätze überzeugt, sich innerlich gebunden finden, die Willensfreiheit zu verwerfen, weil sie durch die Folgen ihrer Annahme ihre teuersten Überzeugungen gefährdet glauben. Untersuchen wir die Berechtigung dieser Befürchtung in bezug auf die einzelnen, in betracht kommenden Ansichten, deren eigene Stichhaltigkeit uns nicht weiter berührt.

Wer nämlich an Gott glaubt, muss denselben notwendig als den Heiligen, Allmächtigen und Allwissenden denken. Keine dieser Eigenschaften aber scheint neben der menschlichen Willensfreiheit bestehen zu können, so dass die Annahme des Daseins Gottes die Verwerfung des Daseins einer Willensfreiheit, die Annahme der letzteren aber die Verwerfung des Daseins Gottes zu fordern scheint.

Sehr schwerwiegend ist der Einwand gegen die Möglichkeit einer Willensfreiheit, welcher aus dem Glauben an die Heiligkeit Gottes hergenommen wird. Denn selbst angenommen, Gottes Allmacht und Allwissenheit lasse gewisse Schranken zu — wenn wir Gott nicht als heiligen festhalten dürfen, welcher mit dem Bösen keine Gemeinschaft haben kann, so fiele damit unser Glaube an ihn unrettbar dahin, wie sich uns bereits früher ergeben hat. Prüfen wir nun die Festigkeit der Stützen dieses Einwands.

Man sagt: das Dasein eines heiligen Gottes und die Willensfreiheit des Menschen ständen im Widerspruch mit einander; denn Gott als Schöpfer einer Willensfreiheit des Menschen würde somit auch Schöpfer der Sünde sein. Entstehe doch durch die Willensfreiheit des Menschen seine Urheberschaft und Verantwortlichkeit hinsichtlich der Handlungen, und so die Möglichkeit böser Handlungen und einer Schuld, samt der Möglichkeit des ganzen Jammers, den die Sünde über die Menschen bringe, ja zuletzt die Möglichkeit der gänzlichen Unseligkeit und des ewigen Verderbens.[19])

Wenn nun ein Gott ist, so ist es unzweifelhaft, dass er als Schöpfer das Vermögen der Willensfreiheit schuf. Damit aber schuf er ebenso unzweifelhaft die Möglichkeit der Sünde und ihrer unseligen Folgen. Denn wir sahen, dass durch Willensfreiheit überhaupt erst Sittlichkeit, also auch Gutes und Böses für den Menschen möglich wird. Ferner ist es gewiss, dass, wenn Gott Schöpfer der Sünde ist, er damit unheilig und nicht Gott ist, dass es dann also keinen Gott gibt. — Jedoch aus dem Obigen zu folgern, dass Gott der Schöpfer der Sünde sei, ist eben übereilt. Vielmehr wird ja die Sünde, deren Möglichkeitsbedingung Gott schuf, erst durch den freien, und zwar widergöttlichen, Entschluss des Menschen — den Wirklichkeitsgrund der Sünde — verwirklicht.

Ohne diese würde sie niemals entstehen, und so trägt dieser freie, widergöttliche Entschluss allein die Schuld derselben. Gott aber ist eben so wenig schuld an ihr, als das Leben die Ursache des Todes ist, ohne welches er freilich nicht möglich wird. Wie hier Hemmungen des Lebens zur Todesursache werden, so werden dort Hemmungen des göttlichen Liebeswillens, welcher allein der Grund für die Schöpfung der Willensfreiheit sein kann, durch letztere, die Ursache der Sünde.

Denn so wenig widerspricht, wie gesagt, die Schöpfung der Willensfreiheit der göttlichen Heiligkeit, dass sie vielmehr in nichts andrem, als in diesem göttlichen Liebeswesen, welches sich dem Widergöttlichen gegenüber als Heiligkeit äussern muss, ihren Grund haben kann. Denn Gott ist eben heilig, insofern er sich selbst, sein eigenes Wesen als Liebeswesen will und somit alles dasjenige nicht will, was seinem Liebeswillen widerstreitet. Unstreitig kann nur der Liebeswille den Kern des göttlichen Wesens bilden, wenn es überhaupt einen Gott gibt, wie ich hier voraussetze. Und nichts andres als der Kern seines

Wesens, eben seine Liebe, kann ihn zur Weltschöpfung getrieben haben. Aus seinem Liebeswillen, d. h. von ihm selbst ausgehender, willenhafter, freier Hingabe, schuf der Allmächtige, d. h. Schöpfungsmächtige, die Welt als Gegenstand seiner Liebe, als dasjenige, auf welches er seine Liebe ausströmen könne. Aus Liebe schuf er die Menschen, d. h. ihm ähnliche Geister, fähig, selbst des tiefsten göttlichen Wesens, des göttlichen Liebeswillens, und damit des höchsten Glückes, der Liebesseligkeit Gottes, teilhaftig zu werden. — Wem also feststeht, dass ein Gott ist, und dass, wenn ein Gott ist, Gott die Liebe ist, der kann nur in diesem seinem tiefsten Wesen den Grund finden, warum Gott eine Welt, warum er Menschen schuf: um beglücken zu können, Selige machen zu können.

Diese Seligkeit, weil im göttlichen Wesen beschlossen, ist dem Menschen nur dadurch möglich, dass ihm Gottes Wesen als freier Liebeswille eigen wird, dass der Selbstwille, den der Mensch als geschaffener Geist besitzt, sich mit dem göttlichen Willen einigt. Denn nur als Persönlichkeit, als freier Selbstwille seines Wesens, der Liebe, ist Gott göttlich. Besässe er sein Wesen nicht im freien Selbstwillen, so wäre er nicht Gott. Denn bei einem Gott ist keine Abhängigkeit, als die von ihm selbst denkbar. Soll der Mensch an Gottes Wesen teilhaben, d. h. lieben können, so muss er Persönlichkeit, freien Selbstwillen, haben, ohne welchen die Liebe undenkbar ist. Eben durch diese Vereinigung des eignen freien Willens mit dem Willen Gottes muss und kann sich allein die Vergöttlichung und Beseligung des Menschen vollziehen.

Setzt also die Vergöttlichung des Menschen die Liebesfähigkeit, die Liebesfähigkeit aber den freien Willen einer Persönlichkeit voraus, und kann die Vergöttlichung des Menschen eben nur durch Vereinigung seines freien Willens mit dem Liebeswillen Gottes vollzogen werden — muss aber die Vereinigung des freien Willens des Menschen mit dem göttlichen eine freie sein: so ist damit notwendig die Möglichkeit gegeben, dass sich dieser freie Wille gegen den Liebeswillen Gottes entscheide, dass er sich Wesen und Willen Gottes, im Glück des andern seine Seligkeit zu suchen, nicht aneignet, den göttlichen Willen nicht zu seinem eignen macht, sondern sich in einer Selbständigkeit, welche seiner Vergöttlichungsbestimmung widerspricht, vom Willen der Liebe abkehrt, indem er seine Freiheit vielmehr verwendet, um sein Glück nicht in dem des andren und dem der Gemeinschaft, sondern auf selbstsüchtige Weise zu suchen. Dies ist ihm möglich durch Verwendung der ihm verliehenen Fähigkeiten und Kräfte als Mittel für den Selbstgenuss, durch deren Hingabe und Verwendung im Liebesdienst für andre er vielmehr selber lieben lernen und so göttlich werden sollte.

Also im Wesen Gottes, der seligen Liebe, kann allein der Grund, in der Ausbreitung der göttlichen Liebesseligkeit der Zweck der Schöpfung der Welt und zumal der Menschen liegen. Der höchste Triumph eben dieser göttlichen Liebe muss darin bestehen, dass Gott seines Gleichen schuf, Ebenbilder, welche des höchsten, von Gott selbst genossenen Glückes teilhaftig zu werden fähig sind. Dieses göttlichen Liebesinhalts, und so der göttlichen Seligkeit, teilhaft werden kann aber der Mensch nur vermöge der ihm anerschaffenen göttlichen Liebesform. Er kann nur lieben, und das ist dasselbe als (nicht gezwungen, sondern): frei lieben als freie Persönlichkeit, als mit freiem Willen begabter Geist. Mit der Willensfreiheit des Menschen aber ist, wenn dieselbe nicht zum Spass, sondern im Ernste behauptet wird, auch die Möglichkeit der Abkehr des menschlichen Willens vom göttlichen, d. h. der Sünde, des Bösen, notwendig gegeben.

Also die notwendige Folge des Triumphes der göttlichen Liebe: der Schöpfung frei wollender Geister, welche als solche selbst der im tiefsten Wesen Gottes beschlossenen Seligkeit teilhaftig werden können, ist die Möglichkeit der Sünde. Sollte der Mensch selig werden können, so musste er zu lieben, aber auch nicht-zu-lieben imstande, d. h. ein sittliches, zum Guten wie zum Bösen fähiges Wesen sein. Eben die Willensfreiheit machte dem Menschen erst die Willensvergöttlichung, aber auch die Willensentgöttlichung möglich. Ohne die Willensfreiheit wären die Menschen nur Puppen, aber nicht Wesen, in denen Gott sich selbst in gewisser Weise vervielfältigt hätte. Erst mit der Schöpfung ihm ebenbildlicher Geister schuf Gott die Möglichkeit, die Liebe, das Gute und das Glück des eignen innersten Wesens, als das höchste, auch auf andre auszuströmen. Als Gott der Liebe schuf Gott freie Menschen.

So folgt die Willensfreiheit und mit ihr die Möglichkeit der Sünde aus dem Wesen Gottes, der Liebe selbst. Wodurch aber wurde und wird sie wirklich? — Durch die freie That des Menschen, welcher seinen Willen, anstatt ihn mit dem göttlichen zu einigen, von demselben abkehrt und in Selbstsucht nur sich selbst sucht, welcher sein Glück nicht in Gott, im göttlichen Liebeswillen sucht, der sich beim Menschen als Gottes- und Nächstenliebe äussern müsste, sondern in sich selbst, als von Gott abgekehrtem Geschöpfe. Den Menschen allein trifft die Schuld seiner Sünde, die Verantwortung für seine eigne Willensverkehrung und Willensverkehrtheit, insoweit diese seine That ist.

Warum nun aber der Mensch sündigt(e), warum er die ihm mögliche Sünde wirklich that — diese Frage scheint eben deswegen unbeantwortbar zu sein, weil wir es hier mit der Freiheit des Willens zu thun haben, d. h., weil die That als Äusserung der Freiheit eine für Gott und Menschen durchaus neue, weil wirklich göttlich-freie Setzung ist. Gott hat in diesem einen Punkte dem Menschengeiste Schöpferkraft, die Form seines eignen Wesens anerschaffen, um ihm durch diese einzig mögliche Vermittelung auch den Inhalt seines Wesens zugänglich zu machen. Ist hier der Mensch nicht wirklich selbständig, so ist die sogenannte Willensfreiheit nur Schein. Wer diese, d. h. eine wirkliche Selbstbestimmung annimmt und doch leugnet, dass der Mensch sich wirklich selbst bestimmt, redet gedankenlos.

So fliesst also die Möglichkeit der Sünde aus dem Wesen Gottes, während sie selbst eine Schöpfung des Menschen ist, deren Wirklichkeit wir so zu sagen mit Händen greifen, deren Verwirklichung aber eben so unerklärlich ist, wie eine schöpferische Thätigkeit überhaupt. Aus der Heiligkeit Gottes aber kann kein Einwurf gegen die Möglichkeit der Willensfreiheit hergenommen werden.

Es können daher auch die notwendigen Folgen einer ernst gemeinten Willensfreiheit, welche, wie wir sahen, mit der Heiligkeit Gottes nicht im Widerspruch stand, letzterer nicht widerstreiten. So folgte aus der Willensfreiheit notwendig die Möglichkeit der feindlichen Abkehrung des menschlichen Willens vom göttlichen. Muss eine solche Möglichkeit der Abkehrung für den einzelnen Willensakt zugegeben werden, so folgt daraus die Möglichkeit einer völligen, zur Gewohnheit und zweiten Natur gewordenen Willensverkehrung, und infolge dessen einer völligen Charakterverkehrtheit und Entgöttlichung des Menschen. Diese freiwillige, völlige Abkehr von Gott als der ewigen Liebe, welche als Kernpunkt des göttlichen Wesens ewiges Leben ist, ist folgerichtig: ewiger Tod. Wer sich völlig von dem abkehrt, entfremdet und entfernt, in welchem allein ewiges Leben ist „achtet sich selbst nicht wert des ewigen Lebens". Die Notwendigkeit des ewigen Todes für den völlig von Gott, der einzig möglichen Quelle des ewigen Lebens, abgekehrten Menschen folgt für den, der eine Willensfreiheit annimmt, ohne Zweifel, und steht durchaus im Einklange mit der Liebe Gottes, der als solcher sich selbst, d. h. die völlige Herrschaft der Liebe und des Guten — menschlich geredet — wollen muss, dessen Liebeswille nur wollen kann, dass alles zuletzt erfüllt sei von dem ewigen Leben der Liebe und der darin beschlossenen Seligkeit.

Wenn Gott aber nicht die Verewigung der Sünde, so kann er auch nicht die Verewigung der Sünder wollen. Könnte Gott die Sünde ohne den Sünder vernichten: als ewige Liebe würde er es thun. Das ist aber wegen der Willensfreiheit der von ihm erschaffenen Geister auch Gott unmöglich. Denn die Sünde ist überhaupt nur wirklich als Verkehrtheit eines wirklichen, wollenden Geistes. So ist zuletzt der ewige Tod aller Gott widerstrebenden Geister notwendig, damit das Ziel des Reiches Gottes erreicht werde, dass Gott alles in allem werde.

Dass und ob es einen Gott gibt, diese Frage zu lösen, ist hier nicht unsre Aufgabe. Wenn es aber einen Gott gibt, so kann er nur als Schöpfer des Alls, und zwar als ein persönlicher Geist gedacht werden, dessen innerstes Wesen die Liebe ist. Dass nun mit diesem Wesen Gottes die Annahme der Willensfreiheit völlig im Einklange steht, habe ich mich zu zeigen bemüht.

Aber noch auf einer andern Seite meint man einen Widerspruch zwischen dem Wesen Gottes, wie wir es nur denken können, und der Annahme einer Willensfreiheit zu finden. Die Möglichkeit einer Willensfreiheit, so hört man oft einwenden, sei nicht mit der Allmacht Gottes vereinbar. — Wäre dem in der That so, dann fiele damit also für den Gottgläubigen die Willensfreiheit hin. Der Gedankengang derer, welche diese Besorgnis hegen, ist folgender:

Wenn Gott allmächtig, d. h. allursächlich sei, so könne es nichts geben, wovon er nicht die Ursache wäre. Mit der Freiheit des Willens aber nehme man eine von Gott unabhängige Ursächlichkeit an. Eine solche Selbstursächlichkeit des menschlichen Geistes widerstreite also der Allursächlichkeit Gottes. Denn wenn neben Gott eine Macht bestehe, welche ihm eine Schranke setze, dann sei Gott nicht allmächtig. Wer an Gottes Allmacht glaube, müsse daher die Willensfreiheit verwerfen.

Nun bleibt Gott freilich auch für die, welche eine Willensfreiheit annehmen, insofern die Allursache, als sie ja nicht annehmen — wenn sie verstehen, was sie wollen —, dass der Mensch seiner Willensfreiheit Urheber sei, sondern Gott als den Urheber derselben gelten lassen. Und eben darin würde der höchste Triumph der Allmacht bestehen, dass der allursächliche Gott dem menschlichen Geiste in dieser Selbstursächlichkeit eine beschränkte Ebenbildlichkeit mit ihm selber als Schöpfer, verliehen hätte. Es würde sich aber somit — das muss jenem Einwande zugestanden werden — allerdings der dem Wesen nach Allmächtige in Wirklichkeit durch Allmacht und als Allmächtiger in seiner Allursächlichkeit beschränkt, also aus Allmacht eine thatsächliche Schranke seiner Allmacht errichtet haben. Er würde also der Wirklichkeit nach nicht-allmächtig sein; aber insofern er sich selbst aus seinem freien Willen heraus beschränkt hätte, d. h. Urheber seiner eigenen Beschränkung wäre, würde sich diese, wie gesagt, weil von ihm sich selber gesetzt, als Schranke Gottes aufheben und in den höchsten Triumph der Allmacht verwandeln.

Aber eben diese Selbstbeschränkung folgte ja, wie wir sahen, aus dem tiefsten Wesen Gottes, der Liebe. Gott als die Liebe beschränkt sich selbst als Allmacht durch die Schöpfung der menschlichen Willensfreiheit. Diese Beschränkung aber hebt sich als Schranke der Allmacht auf, insofern sie selbst das Geschöpf der Allmacht Gottes ist. So schliesst also die richtig aufgefasste Allmacht Gottes durchaus nicht die Möglichkeit der Freiheit des menschlichen Willens aus.

Man fürchte nicht, dass Gott durch diese Selbstbeschränkung, welche er in der menschlichen Willensfreiheit schuf, das Scepter seiner Herrschaft aus der Hand gegeben habe! Was ist es denn Grosses, der Macht Gottes gegenüber, wenn alle Punkte des Weltalls durch ihn bedingt sind und, auf einem einzigen Punkte nur, Gott seinem höchsten Geschöpfe darin eine Ebenbildlichkeit mit ihm verliehen hat, dass er das sonst allseitig bedingte hier selbständig machte?! Hundert Mittel und Wege hat Gott sich vorbehalten, um jeden Einfluss des Bösen, welches zu selbstherrlich wird, lahm zu legen, ziel- und erfolglos zu machen. Alle äusseren Folgen beherrscht Gott. Der Mensch hat nicht die geringste, eigentliche Freiheit der That. Keinen Finger kann er aufheben ohne Gottes Willen. Rings umdämmt, hat er nur die einzige Freiheit, sich für oder gegen Gott zu entscheiden, Gottes Willen gut zu heissen und den eignen mit ihm zu einigen oder nicht. —

Also die Fähigkeit mit Gottes Hilfe (wenn ein Gott ist) und nach seinem ausdrücklichen Willen selig zu werden, hat er für sich. Weiter nichts. Die Freiheit des Willens ist durchaus nicht unmittelbar eine kosmische, sondern nur eine sittliche Macht und kann gegen Gottes Pläne und Weltregierung und die Verwirklichung seines Reiches nicht das Geringste ausrichten.

Der soeben berücksichtigte Einwand, dass die Willensfreiheit des Menschen mit der Allmacht Gottes sich nicht vertrage, suchte den inneren Widerspruch beider Seiten vom Begriffe der Allmacht Gottes aus darzulegen, durch den Erweis, dass neben dieser keine Willensfreiheit bestehen könne. Ganz derselbe Einwand wird aber häufig in einer andern Form vorgebracht, welche die Kehrseite dieses Nachweises bildet, indem man, auf dem Begriffe der Willensfreiheit fussend, von ihm aus zu zeigen versucht, dass bei der Annahme der Willensfreiheit des Menschen, für den Glauben an Gott als den Allmächtigen kein Raum mehr sei. Wie also der erste von dem Dasein des allmächtigen Gottes aus, welches dem Gläubigen gewiss ist, die Möglichkeit der Willensfreiheit des Menschen bestritt, so versucht der letztere Einwand von der Freiheit des menschlichen Willens aus die Unmöglichkeit des Daseins Gottes zu folgern — übrigens, wie man sieht, ganz entgegengesetzt der oben von uns vertretenen Anschauung, welche die Unmöglichkeit des Daseins Gottes aus der Unfreiheit des menschlichen Willens erschloss. — Dass auch jene Einwände gegen die Freiheit des Willens, welche von den übrigen Eigenschaften Gottes, von der Heiligkeit und Allwissenheit, hergenommen werden, einen ähnlichen Wechsel ihres Ausgangspunktes vertragen, liegt auf Hand. Wir wollen jedoch diese Umkehrungen dem einsichtigen Leser überlassen und die zweite Form des Einwandes nur in Betreff des jetzt behandelten Punktes ausführen, da sie hier dadurch eine gewisse Bedeutung erlangt hat, dass Schopenhauer sie benutzte, um aus der Willensfreiheit, die er übrigens als eine ausserzeitliche fasst, den Atheismus zu folgern. Der so umgestaltete Einwand lässt sich etwa folgendermassen wiedergeben:

Eine anerschaffene Freiheit widerspreche sich selbst. Der wollende Geist könne daher nur frei sein als sein eigner Urheber. Sei dies der Mensch, so sei er damit, wenn man so wolle, selber Gott. Jedenfalls könne es neben ihm keinen Gott geben — der doch der Allurheber sein müsste.

Auch diese Schlussfolgerung setzt das zu Beweisende einfach voraus. Freilich, wenn es von vorn herein für ausgemacht gilt, dass es keine anerschaffene Freiheit geben kann, dann folgt von selbst, dass, falls der Mensch dennoch frei sein soll, er kein Geschöpf sein kann, und wenn er nicht selber Gott ist, jedenfalls neben ihm kein Platz für einen Gott bleibt, dessen Geschöpf er ja sein müsste. Aber ist denn jene Voraussetzung stichhaltig? — Nur dann, wenn man in dieselbe bereits einschliesst, dass es keine Freiheit geben könne, die nicht eine allseitig unbedingte wäre. Zwei völlig unbedingt freie Geister können natürlich nicht nebeneinander bestehen. Eine solche Freiheit nimmt aber niemand für den Menschen in Anspruch, sondern vielmehr in allen übrigen Beziehungen eine völlige Bedingtheit desselben, eine Unbedingtheit dagegen, eine Freiheit, nur für einen einzigen Punkt, nämlich für den seiner Willensentscheidung. Die Unmöglichkeit aber, dass ein erschaffener Geist eine Freiheit in dieser Beschränkung habe, wäre erst zu beweisen. Da sich nun das Mögliche nur aus dem und auf Grund des Wirklichen beurteilen lässt, und zwar das innerlich Mögliche nur auf Grund innerer Thatsachen; so hätte man, um die Möglichkeit einer solchen Freiheit bestreiten zu können, nachzuweisen, dass sie den Thatsachen innerer Erfahrung widerspräche. Bevor dies geschehen ist, darf man nicht daran denken, aus der Freiheit des Willens das Nicht-dasein Gottes erschliessen zu wollen.

Noch ein letzter Einwand aber wird vielfach von einer andern Seite des göttlichen Wesens her gegen die Möglichkeit einer Willensfreiheit ins Feld geführt. Man behauptet nämlich, dass letztere mit der Annahme der Allwissenheit Gottes unvereinbar sei. Denn wenn Gott auch die Entscheidungen des Menschen vorher wüsste, so sei die Freiheit derselben nur Schein. Wir werden diesem Einwurfe dasselbe Zugeständnis als demjenigen machen müssen, welcher von der Allmacht Gottes ausging. Wie Gott aus Liebe seine Allmacht auf diesem Punkte selbst beschränkt hat, so mit der Allmacht notwendig auch seine Allwissenheit. Ich sehe nicht, wie man dieser Folgerung ausweichen will. Denn insofern die Willensentschlüsse frei sind, d. h. insofern mit ihnen aus freier Initiative des Menschen etwas ganz Neues, von Gottes Allmacht Unabhängiges gesetzt wird, kann Gott, ehe die Entscheidung des Menschen im einzelnen

Falle vollzogen ist, auch nicht wissen, wie der Mensch sich entscheiden wird. Wohl weiss Gott alles, was aus seiner Initiative folgt. Wo aber seine Allmacht nicht ist, kann auch seine Allwissenheit nicht sein. Gott kann die Selbstentscheidung des Menschen nicht vorher wissen, da sie nicht notwendig eintreten muss, wie sie eintritt, sondern auch anders eintreten kann. Und dass sie so eintritt und nicht anders, hängt nur von der Selbstbestimmung des Menschen ab. Da die Entscheidung eben etwas setzt, was vorher nicht da war, was auch in keiner Form der Wirklichkeit vorher existierte, sondern eben noch nicht ist, und Gott das Nichtseiende, das Nichts, nicht wissen kann, was ein Widerspruch in sich wäre, so müssen wir annehmen, dass Gott durch Willensfreiheit in diesem einen und einzigen Punkte auch seine Allwissenheit beschränkt hat.

Diese Annahme scheint eine andre Erwägung zu einer unausweichlichen zu machen. Wüsste Gott nämlich auch die Entscheidungen, somit auch die Entscheidung des Menschen für den ewigen Tod voraus, so könnte diese schrankenlose Allwissenheit nur auf Kosten viel bedenklicherer Schranken entweder seiner Heiligkeit oder seiner Allmacht angenommen werden. Dass nun zunächst jede Einschränkung der heiligen Liebe Gottes sein Dasein selbst aufhebt, sahen wir bereits. Wie ist es möglich, dass ein Schöpfer, welcher das ewige Verderben bestimmter Geschöpfe vorher wusste und sie dennoch geboren werden liess, obwohl er als Allmächtiger imstande war, sie nicht geboren werden zu lassen, Gott und die ewige Liebe ist?! Wäre dergleichen die Art des guten oder des bösen Geistes? — Wenn das gut und der ewigen Liebe entsprechend sein soll, woran sollen wir noch das Gute vom Bösen unterscheiden, woran noch Gott als Gott erkennen?! — Man wird mir einwerfen, dass jene Menschen hätten selig werden können, aber sich selbst des ewigen Lebens nicht wert geachtet und daher das ewige Verderben verdient hätten. — Wenn aber schon für den Menschen der Satz gilt, dass, wer da weiss Gutes zu thun und thut es nicht, dem ist es Sünde — will man denn dem einzig Guten die Schuld zuschieben, dass er, der vermöge seiner unbeschränkten Allwissenheit und Allmacht es hätte hindern können, dass ihm ebenbildliche Geister ins ewige Verderben gingen, dies dennoch nicht hinderte?! —

Soll also Gott die ewige Liebe, d. h. Gott bleiben, so wird derjenige, der seine unbeschränkte Allwissenheit annimmt, gezwungen, seine Allmacht nicht nur der Willensfreiheit gegenüber, sondern noch auf einem andern Punkte, der unmittelbar die Weltregierung angeht, für derartig beschränkt zu halten, dass Gott eben nicht imstande war, die Geburt jener Unseligen zu hindern.

Eine solche Ohnmacht seiner eignen Schöpfung gegenüber anzunehmen, scheint aber kaum weniger bedenklich, als eine Schranke seiner Allwissenheit. Wir beschränken daher die letztere, indem wir eine Allwissenheit Gottes auf jedem Punkte, nur nicht auf demjenigen der freien Entscheidung des Menschen annehmen. Wohl kennt Gott die vollendete, letzte Entscheidung jedes Menschen, der als solcher zur Seligkeit geschaffen ist, für den ewigen Tod, als eine Möglichkeit; — ob sie aber wirklich eintritt, kann Gott erst in dem Augenblicke wissen, in welchem sie erfolgt. —

Weshalb sollten wir aber die Selbstbeschränkung Gottes in betreff seiner Allmacht anerkennen — und das müssen wir, wenn wir die menschliche Willensfreiheit annehmen, — und dieselbe in betreff der Allwissenheit nicht zugeben? Ist etwa die Allmacht weniger erhaben als die Allwissenheit?[20])

Beweis der Wahrscheinlichkeit der Willensfreiheit.

Nach der Widerlegung dieser Einwände gegen die Möglichkeit einer Willensfreiheit, welche zum Teil aus dem Gebiete der Wissenschaft, zum Teil aus demjenigen des Glaubens hergenommen waren, treten wir nun der Frage nach ihrer Wirklichkeit näher. Ehe wir dieser aber ganz nahe treten, machen wir noch einen Halt, um den Eindruck auffassen und im voraus für unsre Untersuchung verwerten zu können, welchen dasjenige, was wir unter Willensfreiheit verstehen, aus einiger Ferne jetzt auf uns macht. Sollte dieser Eindruk ein günstiger sein, so würde er zwar noch nicht als Beweis ihrer Thatsächlichkeit gelten können, aber dazu beitragen, um unsrer später zu gewinnenden Überzeugung noch eine breitere Grundlage zu verschaffen. Wenn sich demnach glaublich machen liesse, dass die Willensfreiheit der Eigentümlichkeit zumal höherer geistiger Vorgänge entspräche, ihnen der Art nach verwandt wäre, so würde das Dasein derselben, wie die Sache nun liegt, uns nicht mehr als etwas Unwahrscheinliches, sondern als etwas Wahrscheinliches anmuten.

Wir lernen aber diese Eigentümlichkeit geistiger Vorgänge am besten durch die Vergleichung derselben mit den stofflichen kennen. Diese Eigenart geistigen Lebens, in seiner Unterschiedenheit von den mechanischen Bewegungen des Stoffes (— nicht, als ob alle bloss mechanisch wären —), tritt uns nun bereits auf der niedrigsten Stufe, bei den niedrigsten Formen desselben entgegen und steigert sich, wie sich ergeben wird, verhältnismässig mit der Steigerung des geistigen Lebens. Und gerade dies Verhältnis lässt uns auf der höchsten Stufe, welche unstreitig mit dem wollenden Geiste des Menschen erreicht ist, die schärfste und bestimmteste Ausprägung jenes Stempels erwarten, welcher das geistige Leben als solches kennzeichnet. Worin besteht nun das eigentümliche Merkmal der Geistigkeit? Es ist die Innerlichkeit der geistigen Vorgänge, welche, als eine stetig von Stufe zu Stufe, von Form zu Form gesteigerte, die wachsende Unabhängigkeit vom Äussern, das zunehmende Aufsichberuhen, die immer grössere Selbständigkeit, die gesteigerte Selbstheit des lebenden Wesens darstellt.

Werfen wir einen Blick auf die Entwicklung der geistigen Innerlichkeit, wie sie zuerst in ausgeprägterer Form als Empfindung auftritt. Verfolgen wir die Entstehung der Gehörsempfindung. Die Luftwellen erschüttern unsern Körper und führen so im Ohre, durch den rein mechanischen Reiz auf den Gehörsnerven einen Erregungszustand des letzteren herbei, der offenbar auf mechanische Schwingung beziehentlich Umlagerung der kleinsten Nerventeilchen hinauslaufen muss und sich bis zum Gehirn fortpflanzt. Der durch den zuleitenden Nerven auf das Gehirn übertragene Reiz veranlasst dann dort einen zweiten Vorgang, nämlich die Gehörsempfindung, welche mit dem Vorgange der Nervenerregung, der ihr vorausging, oder gar mit dem noch früheren der Schwingung von Luftwellen, nicht im geringsten gleichartig ist. Denn was hat die Empfindung eines Tones, z. B. der Quinte, dieser festen, einheitlichen, ruhigen Gestaltung, die uns beim Hören vorschwebt, mit der Bewegung von Nerventeilchen oder gar mit so und so häufiger Schwingung so und so gestalteter, so breiter und so langer Luftwellen zu thun? — Dass dasjenige, was uns zu dieser Gehörsempfindung veranlasst, so und so beschaffene Luftwellen sind, ist ja selbst den Männern der Wissenschaft noch gar nicht so lange bekannt. Noch jünger aber ist unsre Kenntnis von den Ätherschwingungen, welche die Licht- und Farbenempfindung veranlassen. Und was haben denn Empfindungen wie blau, rot, grün mit so und so viel millionen- oder billionenfacher Schwingung bestimmt gestalteter Ätherwellen zu thun? — So ist denn auch die Unvergleichbarkeit schon der niedrigen geistigen Thätigkeit der Empfindung mit der mechanischen Bewegung der sie veranlassenden Reize seit einigen Jahrhunderten unsern besten Denkern bekannt und seit einigen Jahrzehnten nun auch von einigen Hauptvertretern der Naturwissenschaft anerkannt und damit dem Materialismus als einer wissenschaftlichen Erscheinung, welche den Geist aus dem Stoffe als ein wesentlich Gleichartiges abzuleiten versuchte, der Todesstoss gegeben.

Schon als Empfindung ist demnach die geistige Thätigkeit zwar veranlasst durch die Aussenwelt, durch einen äussern Gegenstand, aber verursacht, gewirkt, durch die selbständige, eigentümlich geartete Seelennatur.

Die Empfindungen also, als Antworten auf jene äusseren Vorgänge, welche sie hervorrufen, und mit denen sie in keiner innigeren Beziehung als der einer gesetzmässigen Entsprechung zu stehen scheinen, tragen schon ganz den Stempel ihrer Erzeugung durch jenes eigentümliche Innenleben an sich, das wir unter dem Namen des geistigen kennen. Sofern sie jedoch der unmittelbaren Gegenwart angehören, findet sich hier der Geist der Aussenwelt gegenüber noch gebunden, insofern er gezwungen ist, diese, bestimmten Empfindungen zu erzeugen, sobald die äusseren Dinge ihre Reize auf ihn ausüben.

Auf der höheren Stufe des Vorstellens jedoch erzeugt er frei die ihm sozusagen aufgedrängte Anschauung wieder, indem er, einmal zur Schöpfungsthätigkeit angeregt, diese nun auch ohne äussere Veranlassung ausübt und so, schon unabhängiger gegen die Aussenwelt geworden, mehr auf sich selbst ruht.

Dass er dann, der Ordnung der Objekte entsprechend, welche durch ihre Reize seine Empfindungen veranlassen, diesen aus seinem Wesen eine zeitlich-räumliche Ordnung schafft und, indem er die zeitlich-räumlich geordneten Empfindungen auf die Objekte, als ihre äusseren Ursachen, vermöge der ihm innewohnenden Ursächlichkeit zurückbezieht, die zusammengehörigen Erscheinungsvereinigungen zeitlich-räumlich geordneter Empfindungen als Dinge begreift, muss ich hier als bekannt voraussetzen, indem ich nur darauf hindeute, dass in der That auch die Dinglichkeit zunächst nur als ein der äusseren Natur gegenüber freies Geschöpf der Geistesnatur begriffen werden kann, da doch nicht zu erdenken ist, wie das Ding als solches in irgend einer Weise in den Menschen hineinkriechen sollte, so dass dieser von dem Dasein desselben als eines Dinges etwas erführe, da es einzig, in sofern es durch Reizung meiner Sinne die einzelnen Empfindungen des Hörens, Sehens u. s. w. veranlasst, eine Beziehung zu meinem Geiste erhalten kann. Wenn die Empfindungen aber doch etwas rein Geistiges sein müssen und allein auf Grund derselben die Anschauung vom Dinge zustande kommen kann, so muss eben auch die Dinglichkeit zunächst ein, nur auf Veranlassung des Äusseren geschaffenes, rein geistiges Erzeugnis sein.

Mir kommt es auch hier nur darauf an, auf die Eigentümlichkeit der Geistigkeit als einer frei in sich webenden und aus sich schaffenden Innerlichkeit im Gegensatze zu der vom Äusseren auf Äusseres wirkenden Art rein stofflicher Vorgänge hinzuweisen.

Aber die Vertiefung der Innerlichkeit des Geistes wächst stetig mit ihrer zunehmenden Unabhängigkeit von Erregungen durch die äussere Welt. Die Seele, deren Unterscheidungsvermögen längst erwacht ist, unterscheidet jetzt nicht nur Empfindungen, Gefühle u. s. w. unter sich und unter einander, stiftet nicht nur Beziehungen unter den Objekten und äusseren Thätigkeiten, sondern fängt auch an, ihre Thätigkeiten von sich mit Bewusstsein zu unterscheiden, sich in sich selbst zu unterscheiden, sich sich selbst vorzustellen. Die hier stets zunehmende Unabhängigkeit, welche Hand in Hand geht mit der gesteigerten Verinnerlichung des Geisteslebens, liegt klar zu Tage.

Mit dem Schritte, wo die Seele nunmehr sich selbst in ihrer Thätigkeit vorstellt und nicht mehr in den Dingen noch in ihrer eignen Thätigkeit befangen ist, tritt sie in jene höhere Art der Verdoppelung ein, welche wir bereits besprachen, und die den nun selbstbewusst gewordenen Geist auf dieser Stufe kennzeichnet. Hier steht also der Geist als reines Subjekt seiner Thätigkeit sich selbst gegenüber, indem er nicht nur seine Thätigkeiten, sondern auch sich selbst als ausübend vorstellt. In dieser Beziehung des Ichs auf sich selbst stellt sich in der That der höchste Grad der Unabhängigkeit des denkenden, betrachtenden Geistes von sich selber dar, womit er sich nicht nur von der strengen Bedingtheit der seelenlosen Dinge durch andres, sondern auch von der unselbständigeren Bezogenheit beseelter Dinge niedrigerer Stufen auf sich selbst scharf unterscheidet.

Dieser geistigen Selbständigkeit denkender Selbstbeziehung des Ichs gegenüber würde nun die Freiheit des Willens: die geistige Selbständigskeit wollender Selbstbeziehung sein, also eine der Gattung nach gleiche Selbständigkeit höherer Art. Ob sie existiert, ist ja noch die Frage, aber wenn sie existiert, so kann sie nichts andres sein als eben diese Selbstbestimmung, welche den Fortschritt von der denkenden Beziehung des Ichs auf sich selbst als seiendes, und auf dieser Grundlage, zur wollenden Beziehung des Ichs auf sich selbst als werdendes, noch nicht fertiges, sich durch Willensentscheidung weiter entwickelndes bezeichnet. In dieser Selbstentscheidung des Ichs zwischen den Äusserungen seines Trieblebens würden wir die Setzung einer wirklich neuen Bestimmtheit haben, welche das Ich sich selber gibt.

Wie also das Selbstbewusstsein die Freiheit des erkennenden, so würde die Selbstbestimmung die Freiheit des wollenden (handelnden) Ichs darstellen und das höchste Ziel sein, auf welches jene ganze Entwicklung des seelischen Lebens zu immer grösserer Verselbständigung abzielte. — Da wir schon an einer früheren Stelle über das Verhältnis der beiden höchsten Äusserungen freien Geisteslebens geredet haben, so mag dies genügen, um für das Vorhandensein einer solchen Freiheit, in welcher die thatsächlich sich immer steigernde Selbständigkeit des seelischen Lebens ausliefe, ein günstiges Vorurteil zu erwecken. Denn es hat sich nun herausgestellt, was wir nachweisen zu können hofften, dass in der That in der Freiheit des Willens gerade dasjenige, was das geistige Leben, den Vorgängen der äusseren Natur gegenüber, als solches kennzeichnet, die Innerlichkeit, die auf sich beruhende Selbständigkeit, seine höchste Darstellungsform erhalten würde.

Zugleich ist uns aber im Laufe dieser Erörterung die Handhabe geboten, um nach einer andern Seite hin Folgerungen zu ziehen, welche unsern Gegenstand angehen. Es hat sich das geistige Leben in seiner Verschiedenheit von demjenigen der äusseren Natur gezeigt. So verschieden nun diese beiden Arten von Vorgängen sind, so verschiedenartig werden auch die Gesetze sein, welche sie beide beherrschen. Denn ein Gesetz ist ja nichts, als der Ausdruck für das einer bestimmten Gruppe von Vorgängen gemeinsame Wesentliche. Wenn sich nun als die Eigentümlichkeit geistiger Vorgänge stofflichen gegenüber die zunehmende Verinnerlichung des Lebens erwies, welche sich natürlich dem Äussern gegenüber als wachsende Unabhängigkeit darstellte, derart, dass auf der höchsten Stufe, im Selbstbewusstsein, das Ich sogar sich selbst gegenüber als denkendes selbständig und unabhängig wurde, so wird die Geistesgesetzlichkeit durch eben dies Merkmal zunehmender Selbstbedingung, der stofflichen Gesetzlichkeit gegenüber als einer fast geschlossenen Bedingtheit des einen Dinges durch das andre gekennzeichnet sein. Selbstverständlich aber ist es, dass sich die Gesetze, welche den Stoff beherrschen, nicht ohne weiteres auf das Seelenleben, zumal in seinen höchsten Formen, übertragen lassen.

So macht ein für uns zu frühe geschiedener, bedeutender Denker, Lotze, auf den Unterschied aufmerksam, welcher zwischen dem s. g. Parallelogramm der Kräfte und den diesem auf geistigem Gebiete entsprechenden Vorgängen besteht. Wirken nämlich auf dem Gebiete des äusseren Geschehens mehrere Kräfte in verschiedener Richtung auf den stofflichen Punkt, so bringen sie ihre verschiedenen Wirkungen, welche der Verschiedenheit der betr. Kräfte und ihrer Richtungen entsprechen, in der Weise zu völliger Geltung, dass ihre vereinigte Kraft jenen Punkt in der vermittelnden Richtung, welche den Kräften und Richtungen entspricht, weiterbewegt. Der Erfolg des Gegen- und Aufeinanderwirkens mehrerer Kräfte auf seelischem Gebiete ist dagegen ein durchaus andrer. Wenn z. B. zwei Vorstellungen sich gegenseitig zu verdrängen streben (ich bediene mich der Kürze halber dieses nicht ganz genauen Ausdrucks,) dann gleicht sich dieser Kampf nicht dahin aus, dass etwa eine neue Vorstellung entsteht, in welcher sie beide als in einer sie vermittelnden und verbindenden oder vermischenden Vorstellung zur Geltung kämen, sondern die eine bleibt, die andre weicht. Ähnlich ist es, wenn zwei Triebe sich in mir bekämpfen. Endlich wirkt sich der eine Trieb aus, der andre ihm entgegenstehende aber nicht. So entschliesse ich mich zwischen zwei sich entgegenstehenden Handlungen von verschiedener Richtung nicht für eine vermittelnde Handlung von vermittelnder Richtung, sondern, vielleicht nach einigem Schwanken, für die eine mit Ausschluss der andern. Diese letztere Thatsache ist nun freilich noch nicht, wie Eugen Dreher meint, (a. a. O. 79, II, 240.) ein Beweis für die Willensfreiheit, sondern nur für die eigenartige Gesetzlichkeit geistiger Vorgänge, welche uns schon auf niedrigeren Stufen des Lebens, wenn auch nicht so scharf ausgeprägt, entgegentritt; denn es ergibt sich zwar als notwendige Folgerung, dass hier das Ich den Seelenbewegungen gegenüber ein selbständiges Eigenleben geltend macht, indem es z. B. den Kampf der Triebe durch einfache Aufhebung der Auswirkung des einen entscheidet, aber noch nicht, dass dasselbe seiner Natur gemäss sich nicht so entscheiden muss, wie es thut. Und erst damit wäre Willensfreiheit bewiesen.

Versuchen wir nun, ob sich dieser Beweis führen lässt, nachdem wir die Einwände gegen ihre Möglichkeit zurückgewiesen und eine gewisse Wahrscheinlichkeit für ihr Bestehen erbracht haben.

Erfahrungsbeweis der Wirklichkeit der Willensfreiheit.

Zunächst ist es Thatsache, dass Worte für Begriffe, wie Pflicht, Schuld, Verantwortung, Rechtschaffenheit, Verkehrtheit des Handelns, gut, böse (im sittlichen Sinne), von allen gebildeten Sprachen, ich möchte vermuten: von allen überhaupt entwickelt sind. Es scheint aber die Entstehung solcher Worte mit solchen Bedeutungen einzig erklärlich aus dem Fühlen und Ahnen des Volksgeistes, der in seinen Worten die tiefste Weisheit ganzer Reihen von Geschlechtern und Jahrhunderten niedergelegt hat. Was das einzelne Volk für böse und gut hält, hängt von vielen hier nicht weiter zu erörternden, örtlichen und zeitlichen, körperlichen und seelischen, gesellschaftlichen u. a.

Bedingungen ab. Uns genügt, dass die Begriffe: böse und gut nirgends fehlen. Sollte jedes Volk, d. h. der Mensch als solcher unter den verschiedensten Verhältnissen, dieselben, wesentlich gleichen, sittlichen Anschauungen entwickeln und sprachlich ausprägen und dieselben dadurch nicht als wahrhaft menschliche, als solche bezeugen, welche einer besonderen, sittlichen Anlage, als einer der tiefsten Seiten des menschlichen Wesens, entsprungen sind? Wie sollte denn nur der Gedanke eines Sollens, dieses einzigartigen Willensgesetzes, entstehen können, wenn dies im wollenden Geiste des Menschen als solches keine Realität hätte? Nämlich als der Inhalt einer Wahrnehmung, in welchem sich ein wirkliches, natürliches Bedürfnis (der geistigen Persönlichkeit) und somit ein Trieb und somit eine Fähigkeit freien Handelns und die Bestimmung dazu kund gäbe? Wer das Verantwortlichkeitsgefühl, wie es einfach durch die Worte der Sprache als Thatsache erwiesen wird, nicht aus der zugrunde liegenden Thatsache der Freiheit des Willens erklären will, muss es eben unerklärt lassen. Denn, was so durch den Geist der Menschheit in der Gestalt der Volksgeister bezeugt und von Hunderten von Sprachen als den Organen dieser Volksgeister laut verkündet wird, das muss eben von vielen Millionen Menschen als eine innere Thatsache empfunden sein, ehe es sich in fester Sprachform als Gemeinbesitz niederschlug. — Doch was stellen wir Vermutungen auf? Die Quelle, aus der jene Worte entsprangen, fliesst noch. Dieselben Empfindungen und dasselbe oft sehr energische Gefühl, das den Wert der empfundenen Thatsachen ermisst, bezeugen noch heute jedem Einzelnen dieselbe Wahrheit einer Freiheit des Handelns.

Denn das ist wiederum zunächst Thatsache, dass die Willensfreiheit, zumal in sittlichen Fragen, von jedem Einzelnen unter normalen Verhältnissen stets unwillkürlich angenommen und stillschweigend ohne weiteres vorausgesetzt wird. Nicht nur macht jeder demjenigen, der sich mit Absicht gegen ihn vergeht, den Vorwurf, dass er etwas gethan habe, was er habe lassen können, ja lassen sollen, sondern auch über die eigne böse That empfindet jeder, dem man noch den Namen eines Menschen glaubt zugestehen zu dürfen. mehr oder weniger Reue. Die eigentliche Reue aber bezieht sich nicht auf die schlimmen Folgen, sondern besteht in der Traurigkeit darüber, dass man sich vergangen, dass man etwas gethan hat, was man nicht sollte. Und der Stachel in ihr ist das Bewusstsein, dass man die sündige Handlung habe unterlassen und anders handeln können, als man handelte. Sollte uns aber ein Mensch begegnen, der auch über Schandthaten keine Reue empfände, der würde uns gerade deshalb doppelt verworfen erscheinen. Denn eben daraus, dass er sich keinen Vorwurf machte, würde man ihm den schwersten Vorwurf machen. Ja, mag ein einseitiger Theoretiker sich durch verkehrtes Grübeln auf sonderbare Gedankenpfade verirrt haben: falls sein Gefühlsleben noch nicht völlig erkrankt ist, fühlt er im Punkte der Verantwortlichkeit wie der gemeine Mann. Und sofern seine Gedankengänge diesem Gefühle widerstreiten, widerlegt er sich selbst mit jeder Handlung, bei welcher er seinem gesunden, sittlichen Gefühle folgt. Und das wird er so oft thun, als er als Ehrenmann handelt. So gibt es denn keinen ehrlichen Leugner der Willensfreiheit, dessen eignes Handeln und Benehmen, und dessen sittliche Beurteilung der Handlungen andrer, ja, da er ehrlich ist, auch der eignen, nicht stets von der Voraussetzung ausginge, dass dieselben auf freiem Entschlusse beruhen. Diese Überzeugung ist so eingefleischt, dass man einen Menschen erst dann von der Verantwortung und Verantwortlichkeit für seine Handlung freispricht, wenn man ihn wegen Geistesstörung oder dergleichen für „unzurechnungsfähig" halten kann. Der Grund dieses Verantwortlichmachens aber ist nicht etwa Rachsucht — denn es handelt sich hier nicht um Bestrafung, von der wir ganz absehen — sondern, wie gesagt, dasselbe Gefühl, welches dem Menschen die eigne That oft bis zur tödlichsten Qual als verwerfliche kennzeichnet. Und der Mensch ist sich der Berechtigung und unbedingten Geltung dieses Gefühls so völlig bewusst, dass er als Zeichen der schlechtesten Gesinnung die Gewissenlosigkeit dessen verurteilt, der sich aus nichts mehr ein Gewissen macht. Die Thatsache also, dass jeder Mensch sich verantwortlich weiss und den sittlichen Wert der Handlung als einen unbedingten fühlt, ist einfach als unbestreitbar anzuführen.

Ein paar Beispiele werden uns Gelegenheit geben wahrzunehmen, dass dieses allen Menschen inne wohnende Verantwortlichkeitsgefühl thatsächlich auch in uns vorhanden ist.

Ein Massenmörder sprengt kaltblütig, um eines kleinen Gewinnes willen, Hunderte von Menschenleben in die Luft. — Wer glaubt, dass er that, was er musste? Gibt es jemand, der spreche ihm sein herzliches Beileid aus, dass seine Natur so herzlos angelegt ist? —

Ungebildete und gebildete Buben schiessen unsern Kaiser nieder, wie ein Wild! — Ihr sagt: „Ein einfacher Tod ist zu gelinde für sie. Man müsste sie langsam zu tode martern und in Stücke reissen!" — „Wie empört ihr seid!" — muss euch der Leugner der Willensfreiheit ermahnen. — „Was scheltet ihr sie? Sie thaten, was sie nicht lassen konnten! Die armen Unschuldigen verdienen, je boshafter sie sind, desto mehr die mitleidige Liebe ihrer Nebenmenschen. Denn ihre grosse Bosheit ist es eben, welche sie so unglücklich macht, sich und andern schaden zu müssen!"

Doch die Sache ist zu ernst, um sich tiefer auf die ebenso lächerlichen als traurigen Widersprüche derjenigen einzulassen, welche dem Menschen die Willensfreiheit absprechen und daneben nicht nur täglich von gut und böse, Pflichten und Rechten u. s. w. reden — inhaltsleeren Begriffen, wenn es keine Willensfreiheit gibt, — sondern so manches an ihren Mitmenschen „unverantwortlich" finden und nicht immer die mildesten Sittenrichter der Thaten andrer sind, durch welche sie selbst geschädigt werden.

Das Bewusstsein der Freiheit und somit der Verantwortlichkeit des eignen Handelns ist aber bei denjenigen am energischsten, die Empfindlichkeit des Gewissens ist bei denjenigen am lebhaftesten, welche uns, wie ein Sokrates, dem Musterbilde wahrhaft menschlicher Sittlichkeit am nächsten zu stehen oder gar das Ideal der Menschheit in sich zu verkörpern scheinen. Sollten gerade sie, die nicht nur als Prediger, sondern auch als Vorbilder und Genien der Sittlichkeit selbst auftraten, denen wir daher nicht umhin können, wenn irgend einem, die grösste Urteilsfähigkeit über sittliche Dinge zuzusprechen — sollten sie dennoch gerade über diese sich so völlig geirrt haben, dass sie für eine Sittlichkeit lebten und starben, die es überhaupt nicht gibt, weil der Mensch keine Willensfreiheit hat? Und selbst zugegeben, dass die Gedanken, welche sie sich über die sittlichen Verhältnisse machten, nicht durchaus und immer zutrafen, sollten wir nicht wenigstens ihrem unverfälschten sittlichen Gefühle im Wesentlichen trauen dürfen, das sich in ihnen anerkannt zu einem hervorragenden, genialen sittlichen Takte entwickelt hat?

Wenn aber diese sittlichen Heroen aufforderten, sich zu bekehren, gingen sie da nicht von der Voraussetzung, wie von etwas Selbstverständlichem aus, dass der Mensch imstande dazu, ja dass es seine Pflicht sei, dieser Aufforderung zu folgen? Dass er jedenfalls etwas dazu thun könne und solle, die Richtung seines eignen Willens und seiner Gesinnung zu ändern? Wie ist es möglich, dass Christus wenigstens noch für das Ideal der Sittlichkeit gilt, wenn er gerade über die sittlichen Begriffe, wie Sünde, Pflicht, Bekehrung u. dgl. ein durchaus verkehrtes Urteil besass?!

So liegt denn das Bewusstsein der Willensfreiheit nicht nur ihrer unwillkürlichen Annahme durch alle Sprachen und Völker, sondern auch ihrer stillschweigenden Voraussetzung durch jeden einzelnen Menschen, soweit er unbefangen ist, zugrunde, ja es bezeugt ihre Thatsächlichkeit selbst im Verworfensten oft mit überwältigender Energie. Denn wenn es den vor äusserer Bestrafung seiner heimlich verübten That sicheren Sünder zur Selbstangabe treibt, so überwindet die Kraft, die es hier geltend macht, den stärksten aller Naturtriebe, der zumal beim Verbrecher bis zum einseitigen Übergewicht entwickelt ist, den der Selbsterhaltung. Wenn wir aber das Wirkliche vom blos Gedachten, Eingebildeten mittels des Merkmals des Zwanges unterscheiden, mit welchem sich dasselbe unsrer Seele aufdrängt — sollten Wirkungen des sittlichen Gefühls und Bewusstseins, welche sich gerade bei den besten, normalsten Menschen, wie bei einem Luther, aber selbst noch bei Verbrechern gelegentlich mit einer alles andre überbietenden Kraft äussern, ihren Grund in etwas Unwirklichem haben? Sollten die stärksten Wirkungen von etwas Unwirklichem ausgehn? — Und doch ist die besondere Empfindlichkeit des sittlichen Gefühls nicht etwa ein Zeichen einer Neigung zu krankhaftem Wähnen oder ungesunder Schwärmerei, sondern von höchster sittlicher Gesundheit, während der schlimmste Verbrecher, der doch gewiss nicht als Normalmensch gelten kann, am verstocktesten und stumpfsten in sittlicher Hinsicht ist. So kommt es denn, dass es wohl selbst einer starken Willenskraft unmöglich sein dürfte, das sittliche Gefühl völlig zu unterdrücken, als etwas, das aus dem tiefsten Grunde der Menschennatur selbst hervorquillt.

Dass wir alle thatsächlich dies Bewusstsein der Verantwortlichkeit und somit der Willensfreiheit haben, kann einmal ganz und gar nicht geleugnet werden. Die Frage ist nur: Beruht diese thatsächliche Wahrnehmung der Willensfreiheit auf einer Selbsttäuschung?

Über die Möglichkeit der Selbsttäuschung hinsichtlich der Wahrnehmung der Willensfreiheit.

Eigentlich zwar könnten wir uns die Sache leichter machen. Es ist vielmehr die Pflicht derer, welche behaupten, dass hier eine Selbsttäuschung möglich sei, diese Behauptung zu begründen, wenn sie für mehr als einen müssigen Einfall gelten soll. Denn es will uns scheinen, dass, wenn ein Zweifel an etwas, das sich jedem gebieterisch als Thatsache aufdrängt, vernünftig sein soll, der Zweifler nicht nur einen Grund, sondern einen recht triftigen, dafür zu erbringen hat, wie er dazu kommt, dergleichen für eine Täuschung zu erklären. Was hat man nun für Gründe für diesen Zweifel erbracht? Die meisten gehen zurück auf jene schon widerlegten Einwände gegen die Möglichkeit einer Willensfreiheit überhaupt, welche von falschen Vorstellungen über die Begriffe des Wesens, der Ursächlichkeit, der Naturgesetzlichkeit u. dgl. einerseits und über die göttlichen Eigenschaften der Heiligkeit, Allmacht und Allwissenheit andrerseits herrührten. Von jenen Einwürfen nun gegen die Möglichkeit der Willensfreiheit hat sich keiner als probehaltig erwiesen. Vielmehr erschien dieselbe nicht nur als durchaus rationell wegen ihrer Entsprechung mit dem Wesen der Geistigkeit überhaupt, als deren naturgemässe Spitze sie sich darstellte, sondern sie bezeugte auch im Inneren des Menschen ihre Wirklichkeit mit ausserordentlicher Energie. So bliebe denn jenen Zweiflern, um wenigstens eine gewisse Berechtigung ihres Zweifels zu erweisen, nichts übrig, als Thatsache gegen Thatsache zu stellen, eine andre Thatsache innerer Erfahrung aufzuzeigen, die sich ebenso kräftig geltend machte, und welche der in der Wahrnehmung der Willensfreiheit aufgewiesenen so energisch widerspräche, dass man auf einen Ausgleich dieses Widerstreits denken müsste. Wir dürfen ruhig warten, bis jemand eine solche Thatsache aufweist. Bis dahin aber können wir die Sache kaum für streitig halten, da kein ebenbürtiger Gegner da ist. Denn allgemeine Möglichkeiten, zumal widerlegte, sind blosse Gedanken, welche mit Thatsachen, deren Wirklichkeit zu bezweifeln nicht der geringste Grund vorliegt, überhaupt keinen Streit haben können.

Doch gesetzt, jener Zweifel hätte eine gewisse Berechtigung: so lange man nicht jene innere Wahrnehmung der Willensfreiheit als eine wirkliche Täuschung zu erweisen vermag, wird man sich im besten Falle begnügen müssen, die Möglichkeit einer hier stattfindenden Selbsttäuschung darzuthun. Und was würde man damit gewonnen haben? — Man würde nicht die Unwirklichkeit oder Unmöglichkeit der Freiheit, sondern die Möglichkeit der Unfreiheit nachgewiesen haben, neben welcher nach wie vor die Möglichkeit der Freiheit unangefochten bestände, welche sich vielleicht dennoch durch andre Gründe würde als eine Wirklichkeit erhärten lassen.

Einige der Zweifler begnügen sich nun nicht mit ganz allgemeinen Einwänden gegen die Möglichkeit einer Willensfreiheit überhaupt, sondern treten der Sache selbst näher. indem sie Analogien von Täuschungen auf andern Gebieten anführen. Man weist auf die sogenannte Sinnestäuschung hin. Wollte dieser Hinweis nicht mehr sagen, als dass ich mich, wenn ich meine Willensfreiheit innerlich wahrzunehmen glaube, möglicherweise täusche, weil auch in andern Kreisen des seelischen Lebens Täuschungen nachgewiesen seien, z. B. die sogenannten Sinnestäuschungen, d. h. also: weil überhaupt im Menschenleben Täuschungen vorkämen, so wäre diese Behauptung zu wahr, um in dieser Allgemeinheit bestritten werden zu können, während freilich ihre Anwendbarkeit auf unsern Fall zunächst dahin gestellt bliebe. Das angezogene Beispiel soll aber offenbar mehr sagen. Man macht auf jenen Fall der Sinnestäuschung aufmerksam als auf einen solchen, mit welchem der unsrige eine besondere Ähnlichkeit habe, um durch die Ähnlichkeit eine auch im unsrigen stattfindende Täuschung wahrscheinlich zu machen. Was soll das nun für eine Ähnlichkeit sein?

Nehmen wir zur besseren Veranschaulichung ein Beispiel. Wir sitzen in einem Dampfwagen, welcher still hält, während ein andrer, welcher im nächsten Geleise neben dem unsrigen stand, abführt. Dann kann es uns, wenn wir nicht näher hinsehen, scheinen, als führen wir selber und jener stände. Worin besteht hier die Sinnestäuschung? Genau genommen täuscht uns hier die Sinnesempfindung nicht. Durch das Auge werde ich des zwischen meinem und dem fremden Wagen veränderten Ortsverhältnisses inne; durch das Ohr des Geräusches, das mit der Bewegung des Wagens verbunden ist, welcher in unmittelbarer Nähe an dem meinigen vorbeiführt; durch den

Tastsinn, das Muskelgefühl und das Gemeingefühl werde ich die Erschütterungen in meinem Körper gewahr, welche der fremde Wagen unmittelbar dem Boden, mittelbar meinem eignen Wagen und so meinem Körper mitteilt. Gesetzt nun, ich sähe nicht die Bewegung seiner Räder, sein Verhältnis zum Hintergrunde und derartige Kennzeichen dafür, dass er es ist, der fährt, und nicht mein eigner Wagen, so bleibt als Rest für meine Wahrnehmung jener mir sichtbare Teil der Ortsverschiebung, welcher für mein Auge ganz derselbe ist, ob mein Wagen fährt und jener steht oder umgekehrt. Da nun auch die andern, gleichzeitigen Wahrnehmungen durchaus ähnlich sind — wenn auch die Erschütterung beim Abfahren meines Wagens eine etwas stärkere und geräuschvollere sein würde, — so übersieht der urteilende Verstand leicht diese feinen Unterschiede und thut den Fehlschluss, der eigne Wagen fahre wirklich ab und jener stehe.

Zwar wird dieser soeben angeführte Fall häufig als Sinnestäuschung bezeichnet, aber er bietet uns im Grunde keine. Vielmehr täuschen uns hier, wie wir sahen, unsre Sinne nicht, sondern wir deuten die Wahrnehmungen falsch, indem wir uns, wo es an genaueren, widerlegenden Anhaltspunkten fehlt, durch die Ähnlichkeit zweier Erscheinungen verleiten lassen, die eine auf den der zweiten zugrunde liegenden Vorgang zu beziehen und diesen so für den wirklichen zu nehmen.

So ist auch die Erscheinung z. B. des Sonnenaufgangs nicht eine Sinnes-, sondern Verstandestäuschung. Da wir keinen Anhaltspunkt haben, um die Bewegung der Erde zu erkennen, so deuten wir die örtliche Verschiebung des räumlichen Verhältnisses von Sonne und Erde als die Bewegung der ersteren und demnach als ein Bewegung nach oben. Wir haben es also hier mit einem verkehrten Urteile zu thun, dessen Verantwortung dem Sinne gar nicht zugeschoben werden kann, welcher eben die Erscheinungen liefert, wie sie sind, mögen sie der Wirklichkeit entsprechen oder nicht. Jenes Urteil ergibt sich denn auch als unrichtig, sobald die Momente hinzutreten, deren Fehlen seine Verkehrtheit veranlasste. Diese sind im ersten Falle durch genaueres Zusehen leicht zu gewinnen. Im letzteren dagegen bleibt der Schein bestehen, da wir uns nicht ausserhalb der Erde an einen geeigneten Ort versetzen können, um von dort aus die thatsächlichen Bewegungen der beiden Weltkörper in ihrer Beziehung zu einander zu beobachten. Könnten wir dies, so würde für unser Auge, wie es ist (die nötige Verstärkung der Sehkraft vorausgesetzt), jener Schein fallen. Es ist jedenfalls auch dies letztere keine Täuschung, die durch unser Auge an sich notwendig bewirkt würde. Sie wird vielmehr durch jene Beschränkung unsres Gesichtskreises hervorgebracht, welche in der Stellung unsrer Erde zur Sonne begründet ist. Eine andre Art der s. g. Sinnestäuschungen jedoch verdient eigentlich allein diesen Namen, indem hier die Schuld der Täuschung nicht die äusseren Umstände trifft, unter welchen die Empfindung stattfindet, sondern den Sinn als solchen, welcher den wirklichen Hergang geradezu falsch wiedergibt. Diese Sinnestäuschungen werden durch die Schranke unsrer Sinnlichkeit unter bestimmten Bedingungen notwendig. Z. B. wird eine sehr schnell herumgeschwungene Fackel notwendig einen als ununterbrochen erscheinenden Feuerkreis bilden, während in Wirklichkeit die Spitze der Fackel in den auf einander folgenden Zeitpunkten sich immer nur an einem einzigen Raumpunkte des Umkreises befindet. Dieser Schein wird bestehen bleiben, selbst wenn wir über den wirklichen Hergang eines Besseren belehrt sind.

Hier findet also eine Sinnestäuschung statt, freilich nur in dem Sinne, dass die Empfindung als solche unser noch nicht anderweit berichtigtes Urteil über den wirklichen Sachverhalt notwendig irre führt, nicht aber, als wenn der Sinn sich selbst täuschte. Eine solche Sinnestäuschung ist überhaupt unmöglich. Denn für unser Auge, wie es einmal beschaffen ist, ist z. B. in diesem Falle thatsächlich die Erscheinung eines Kreises da. Der Sinn gibt eben die Erscheinung, wie sie ist, und kann und will nichts andres geben. Dass diese Erscheinung in unserm Falle Schein ist, d. h. der Wirklichkeit nicht entspricht, davon liegt der Grund in der natürlichen Schranke der Fähigkeit des Sinnesorgans selbst, das um wichtiger andrer Zwecke willen uns den wirklichen Vorgang nur mit annähernder Genauigkeit meldet. Jedoch können wir uns über die wahre Beschaffenheit desselben durch unsern Verstand anderweit unterrichten. Und dann ergiebt sich diese Erscheinung als Schein, obwohl die Sinnesempfindung als solche sich nicht ändert. Sie verschwindet jedoch, sobald die Grenze der Fähigkeit des Sinnes, die wirklichen Vorgänge treu wiederzugeben, nicht mehr überschritten wird.

Die uneigentliche Sinnestäuschung aber, welche aus der Beschränktheit unsres Standpunktes, wie die eigentliche, welche aus der Beschränktheit der Sinnlichkeit selbst folgt, wird als solche erkannt einerseits unmittelbar durch genaue Beobachtung des wirklichen Hergangs, wenn eine solche möglich ist, andrerseits mittelbar durch die Erkenntnis jener Beschränktheit als solcher. Wir wissen nun, was eine Sinnestäuschung ist. Jene Selbsttäuschung aber, deren Möglichkeit man aus der besonderen Ähnlichkeit der Momente erweisen möchte, welche in beiden Fällen zur Täuschung führen könnten, müsste offenbar darin bestehen, dass man in sich eine thatsächlich nicht vorhandene Freiheit des Willens wahrzunehmen meinte. Vergleichen wir nun beide Fälle betreffs der vermeinten charakteristischen Ähnlichkeit.

Der Grund dieser Sinnestäuschung war die Beschränktheit unsres Standpunktes oder unsrer sinnlichen Unterscheidungsfähigkeit, wodurch es kam, dass die Unterschiede der Vorgänge nur bis zu einem gewissen Grade der Feinheit wiedergegeben wurden. So wurde denn die Erscheinung des wirklichen einer andern eines ebenfalls möglichen Vorgangs ähnlich. Durch diese Ähnlichkeit aber wurde die Verwechselung veranlasst, dass der wirkliche Vorgang für diesen ebenfalls möglichen genommen wurde. Diese Verwechselung führte zur Sinnestäuschung.

Die charakteristische Ähnlichkeit der Selbsttäuschung mit der Sinnestäuschung müsste nun darin bestehen, dass zunächst, weil der Standpunkt oder die Feinheit der Selbstbeobachtung zu beschränkt wäre, die Erscheinung des wirklich hier stattfindenden Vorgangs derjenigen eines ebenfalls möglichen ähnlich würde.

Der wirkliche Vorgang mag nun in unserm Falle sein, welcher er will. Der ebenfalls mögliche müsste jedenfalls derjenige der Selbstbestimmung sein. — Gerade diese aber wollte man ja als eine Selbsttäuschung nachweisen!

Wenn es nun also überhaupt keinen Vorgang der Selbstbestimmung gibt, wie soll ich einen andern mit diesem nicht vorhandenen verwechseln können?! Und doch sahen wir, dass die charakteristische Ähnlichkeit der vorausgesetzten Selbsttäuschung in dieser Verwechselung bestehen müsste, welche eben die Selbsttäuschung ermöglichen sollte!

Ich nehme nun an, man meinte eigentlich nicht, dass bei dieser Selbsttäuschung eine Verwechselung zweier Vorgänge stattfände, sondern eine falsche etwa der Einbildung entspringende Auslegung eines Vorgangs. Da es sich aber um diese bei Sinnestäuschungen gar nicht handelt, so ist damit freilich zugleich erklärt, dass an jene vermeinte Ähnlichkeit beider Vorgänge nicht zu denken sei.

Es hat sich somit herausgestellt, dass jene angenommene Selbsttäuschung eine Täuschung völlig andrer Art sein müsste als die s. g. Sinnestäuschung.

Aber auch im übrigen stellen sich grosse, wesentliche Unterschiede, ja Gegensätze zwischen beiden Vorgängen heraus, welche den Zweck, Anhaltspunkte für die Wahrscheinlichkeit jener Selbsttäuschung zu gewinnen, zu einer vergeblichen Liebesmühe machen.

Denn einerseits ergaben sich die meisten Sinnestäuschungen schnell als Schein, indem sie meist schon mit dem Aufhören des zugrunde liegenden Vorgangs, — wie beim Herumschwingen der Fackel — oder doch durch etwas vermehrte Genauigkeit der Beobachtung — wie bei dem Abfahren des Dampfwagens — auch als Täuschungen aufhörten.

War aber der Schein die Folge einer nicht unmittelbar zu ändernden Beschränktheit des Standpunktes, so blieb er zwar bestehen, wurde aber durch mittelbare Aufhebung jener Beschränktheit auf wissenschaftlichem Wege als solcher erkannt, wie das Beispiel des Sonnenaufgangs lehrt.

Die Nachweisung der Selbsttäuschung aber, wenn es eine ist, in betreff der Willensfreiheit steht bis heute dahin.

Oder sollte sie vielleicht ihrer Natur nach eine stehende sein, und zwar nicht nur derart, dass auch der willensstärkste Mensch sich dieses Scheines nicht erwehren kann, — wozu man eine entfernte Ähnlichkeit könnte in der Auffassung des Sonnenaufgangs finden wollen, sondern derart, dass nicht einmal der eifrigste Verfechter der Unfreiheit des Willens an seine eigne Behauptung glaubt? Denn, dass er sich nicht zu diesem Glauben bringen kann, beweist, wie wir schon fanden, sein eigenes Benehmen stündlich.

Freilich liegt für die Verfechter dieser stehenden Selbsttäuschung die Schwierigkeit auf der Hand, dass sie dieselbe vernünftigerweise überhaupt nicht verfechten können. Denn wenn sie wissen, dass sie sich selbst beständig täuschen, täuschen sie sich ja vielmehr nicht. Denn nicht einmal der Gedanke könnte aufkommen, dass eine beständige Selbsttäuschung eine Täuschung sei. Sollte vielleicht eine derartige stehende Selbsttäuschung des Menschen normal, ja überhaupt möglich sein?!

Doch mit dem soeben angeführten Unterschiede zwischen

der Sinnestäuschung und unsrer als möglich angenommenen Selbsttäuschung hängt noch ein bedeutsamer zweiter zusammen. Wir fanden nämlich, dass wir die Sinnestäuchung als solche einerseits durch genaue Beobachtung des wirklichen Hergangs, andrerseits durch die Erkenntniss der Beschränktheit unsres Standpunktes und unsrer Sinnlichkeit erkennen konnten. Die Erkenntnis dieser doppelten Beschränktheit geht aber ebenfalls auf die genaue Beobachtung zurück. Denn die Beschränktheit des eignen Standpunktes einerseits lernen wir nur dadurch kennen, dass wir ihn unmittelbar oder mittelbar von einem andern Standpunkte aus zu beobachten fähig werden. Die Schranke unsrer Sinnlichkeit auf diesem Punkte erkennen wir andrerseits nur durch umfassendere, genaue Beobachtung und darauf gegründete Überlegung der Fähigkeiten unsrer Sinnlichkeit im normalen Zustande. Auch alles Nachdenken kann schliesslich nichts weiter thun, als Schlüsse aus genau beobachteten Thatsachen mit Schlüssen aus genau beobachteten Thatsachen zur Erschliessung neuer Thatsachen verbinden und beruht also auf der Beobachtung als seiner Grundlage.

Daraus ergibt sich, dass alle Täuschungen hinsichtlich wirklicher Verhältnisse, welcher Art sie auch sein mögen, zuletzt nur durch genaue Beobachtung als solche aufgedeckt werden können. Diese als die gereinigte, geschärfte, also rein sachliche Wahrnehmung ist offenbar der einzige und sichere Prüfstein für die Wahrheit äusserer und innerer Thatsachen überhaupt. Ist also selbst die Beobachtung nicht imstande, die Sinnestäuschung oder Selbsttäuschung als solche zu erweisen, dann können beide überhaupt weder erwiesen noch behauptet werden.

Was sollen wir nun zu dem wunderbaren Verhältnisse sagen, dass dieselbe sachliche Wahrnehmung, welche die Sinnestäuschung (z. B. des Auges) als solche auflöst, jene Selbsttäuschung vielmehr erst hervorbringt? Denn mögen wir die Wahrnehmung auch noch so sorgfältig anstellen, d. h. zur Beobachtung steigern: sie liefert uns doch nur die freie Selbstbestimmung als ihren Inhalt.

Diese letztere Thatsache wird sich noch zu grösserer Gewissheit durch die nun folgende Betrachtung bringen lassen. Wir sehen nämlich jetzt ab von jenem als verkehrt erwiesenen Vergleich mit der Sinnestäuschung und fragen, worin denn eigentlich jene Selbsttäuschung bestehen sollte.

Hören wir den neusten Verteidiger der Ansicht, dass hier

eine Selbsttäuschung vorliege. Eugen Dreher (Über Freiheit und Notwendigkeit in Ulrici's Zschr. für Philos. 79, II., S. 232 und 233) sagt wörtlich wie folgt:

In bezug auf die Willensfreiheit liesse sich hiergegen aber ein Bedenken geltend machen, und zwar dies, dass bei jedem Willensakte unser Ich auf die auf es einwirkenden äussern Ursachen reagiert, unser Ich aber, als von vornherein mit seiner Eigenartigkeit gegeben, zwar der in ihm liegenden Kausalität gehorcht, aber nicht die Empfindung für seine eigne Kausalität besitzt, weil wir es ja selber sind, die wir uns entscheiden, und uns somit unser Wille als ein Akt gewisser Freiheit erscheint, während er eigentlich ein Akt innerer, aber nicht empfundener Notwendigkeit ist. Hiernach würde uns denn derjenige Faktor unsres Willens frei erscheinen müssen, welcher dem Ich entspriesst, der andre, von aussen stammende Faktor als Notwendigkeit, wobei im Grunde genommen Aussenwelt wie Ich dem strengsten Kausalnexus gehorchen" u. s. w.

Dreher behauptet also, dass das Ich nicht die Empfindung für seine eigne Kausalität besitze, findet den Erklärungsgrund dieser Empfindungslosigkeit des Ichs für seine eigne Kausalität darin, dass „wir es ja selbst sind, die wir uns entscheiden", und folgert daraus, dass uns deshalb dieser „Wille als ein Akt gewisser Freiheit erscheint".

Prüfen wir zunächst, ob, selbst wenn wir die Berechtigung der Behauptung anerkennen, dass unser Ich „nicht die Empfindung für seine eigne Kausalität besitzt", die weitere Schlussreihe Drehers stichhaltig ist. Die Thatsache, dass „wir es ja selber sind, die wir uns entscheiden", soll den Grund für die Folgerung abgeben, dass uns „unser Wille als ein Akt gewisser Freiheit erscheint".

Wäre es richtig, dass der Willensakt deshalb als frei, d. h. nur durch uns selbst bestimmt erschiene, weil wir es sind, die ihn ausüben, d. h. erschiene ein Akt deswegen als nur durch uns selbst bestimmt, weil das Ich den Ausgangspunkt desselben bildet, dann müssten auch unsre Denkakte als solche, also auch unsre unwillkürlichen, als nur durch uns selbst bestimmt, als willkürliche erscheinen, während wir sehr wohl unsre willkürlichen von unsern unwillkürlichen Gedanken zu unterscheiden wissen. Es ist oben gar nicht ersichtlich, wie das Ich dazu kommen soll, deshalb weil es überhaupt der Ausgangspunkt einer geistigen Bewegung ist, sich als einen **freien** Ausgangspunkt derselben aufzufassen.

Aber mit der Unterscheidung meiner unwillkürlichen von meinen willkürlichen Gedanken, welche ich ja thatsächlich gar nicht verwechseln kann, werde ich eben des Unterschieds der unselbständigen, unwillkürlichen Ursächlichkeit meines Geistes von der selbständigen, willkürlichen, schon auf dem Gebiete des Denkens inne. Ich finde bei näherer Erwägung, dass meine Willkür, welche ich schon hier wahrnehme, eben darin besteht, dass ich meinem Denken selbständig eine neue Richtung gebe, während das Ich sonst die Richtung seiner Denkbewegung von dem unwillkürlich verlaufenden Seelenleben empfängt.

Da wir also unsre unwillkürliche Kausalität, dass wir selber es sind, die den Ausgangspunkt einer geistigen Thätigkeit bilden, schon auf dem Gebiete des Denkens sehr wohl von unsrer willkürlichen Kausalität unterscheiden, so ist jene falsche Auslegung der ersteren, als wäre es eine willkürliche, nicht möglich.

Damit ist aber die Behauptung widerlegt, welche die Voraussetzung für die ganze Schlussreihe Drehers bildete, dass das Ich „nicht die Empfindung für seine eigne Kausalität besitzt". Und mit dieser Voraussetzung fällt der ganze Versuch hin, die Möglichkeit einer hier stattfindenden Selbsttäuschung darzuthun. Denn offenbar kann nur jene Empfindungslosigkeit des Ichs für „die in ihm liegende Kausalität" demselben die Möglichkeit und damit erst die Veranlassung bieten, die Thatsache, dass „wir es selber sind, die wir uns entscheiden", fälschlich so aufzufassen, als wäre unser Ich der freie Grund unsrer Entschlüsse.

Damit aber, dass wir fanden, dass das Ich bei seinen Willensakten schon auf dem Gebiete des Denkens seine Kausalität aus Freiheit wahrnimmt, ist zugleich der Grund angegeben, warum es seine „Kausalität" (aus Notwendigkeit) hier nicht wahrnehmen kann, nämlich, weil sie nicht vorhanden ist.

Doch angenommen, dass wir uns wirklich nicht aus Freiheit entschieden, sondern durch unsre Natur genötigt würden, uns so und nicht anders zu entscheiden, wie sollten wir denn da etwas andres wahrnehmen können, als den wirklichen Sachverhalt, nämlich nicht, dass wir uns aus Freiheit entscheiden, sondern, dass wir, die Entscheidenden, als solche unter dem Zwange unsrer Natur ständen, dass wir nicht anders könnten, als uns so entscheiden, wie wir es thun? Ich müsste als unfrei entscheidendes Ich dieses Genötigtseins durch meine Natur zur bestimmten Entscheidung inne werden. Denn die Faktoren, welche bei der Entscheidung den Ausschlag geben, wirken alle im Lichte des Selbstbewusstseins, wie wir später noch deutlicher sehen werden.

Wie sich also die Unfreiheit des Willens auf eine Art wahrnehmbar und fühlbar machen müsste, welche der thatsächlichen Wahrnehmung, deren unzweifelhafter Inhalt die Willensfreiheit ist, gerade entgegengesetzt sein müsste, so kann wieder eine wirklich vorhandene Willensfreiheit sich' doch gar nicht anders bemerkbar machen als eben durch eine solche Wahrnehmung, wie wir sie thatsächlich haben.

Gibt man nun aber zu, dass die genaue innere Beobachtung keinen andern Inhalt als den unsrer Selbstbestimmung biete, behauptet aber, dass diese Wahrnehmung selber eine Selbsttäuschung sei, so bedarf diese Behauptung freilich zunächst des Beweises, und zwar eines besseren, als des 'eben widerlegten, wenn sie Beachtung verdienen will. Aber gesetzt, dieser Beweis würde erbracht, so würde damit nicht nur die Selbsttäuschung in diesem Falle, sondern die Unmöglichkeit der Selbsterkenntnis in allen Fällen bewiesen, da sich ihr einziges, für Wahrheit von Thatsachen zuletzt entscheidendes Organ, die Selbstbeobachtung, als unzureichend erwiesen hat. Ich möchte nur wissen, auf welche Selbsterkenntnis — denn eine solche müsste es doch sein — man die Annahme der Unmöglichkeit der Selbsterkenntnis stützen will.

Fällt aber die Möglichkeit der Selbsterkenntnis fort, so fällt damit die Möglichkeit der Erkenntnis überhaupt fort. Denn alle mittelbare Erkenntnis gründet sich zuletzt auf unmittelbare Wahrnehmung, auf Erlebnisse, und nur mich selbst kann ich unmittelbar erleben.

Man sieht, welche vernichtenden Folgen es hat, wenn man die genaue Selbstbeobachtung für ein untaugliches Werkzeug der Forschung erklärt. Doch wirft man vielleicht ein, man gebe allerdings zu, dass man ein Gefühl der Willensfreiheit besitze. Gefühle aber könnten sich leicht täuschen, und so werde es hier sein. Man bestreite indess, dass man sie in sich wirklich wahrnehme. Denn eine wirkliche, ihres Inhalts gewisse Wahrnehmung könne freilich nicht zugleich irrig sein.

Diese Meinung beruht nun aber, so verbreitet sie ist, entschieden auf einer ungenauen Selbstbeobachtung und daraus entstandener Begriffsverwechslung und Missbrauch des Wortes Gefühl.

Letzteres ist die Erregung der Seele durch einen inneren Vorgang nach der Seite der Annehmlichkeit oder Unannehmlichkeit im weitesten Sinne. Durch das Gefühl wird uns überhaupt nichts Thatsächliches als solches vermittelt; vielmehr ermisst die Seele in diesem ihr eignes Verhältnis zu einem bestimmten Eindrucke, den Wert, welchen die innere Bewegung oder Wahrnehmung, überhaupt irgend ein thatsächlicher Vorgang für das Leben und Bestehen der Seele hat.

Alle wirklichen, zum Bewusstsein kommenden Vorgänge unsres Geisteslebens dagegen existieren zunächst als innere Thatsachen nur für unsere innere Wahrnehmung, und erst an diese Wahrnehmung schliessen sich dann Gefühle an, welche sich auf den Wert der Thatsachen beziehen. So kann denn auch von der fraglichen Thatsache der freien Selbstbestimmung das Gefühl zunächst nichts sagen, sondern nur die innere Wahrnehmung.

Es bleibt also dabei: Wer die Möglichkeit einer Selbsttäuschung hinsichtlich des Inhalts des inneren Vorgangs behauptet, vermöge dessen wir der Willensfreiheit inne werden, schiebt den Irrtum der inneren Wahrnehmung zu, durch welche allein uns innere Thatsachen als solche vermittelt werden können. Die wirkliche Beschaffenheit eines inneren Vorganges ist nur durch genaue Beobachtung desselben, durch die Bestimmtheit der Wahrnehmung zu ermitteln.

Irrt sich die Seele als wahrnehmende, so schliesst sich an die falsche Wahrnehmung notwendig ein falsches Gefühl an, das zwar nicht der wirklichen Thatsache, wohl aber vielleicht der Wahrnehmung als solcher entspricht. Irrt sie sich aber als wahrnehmende nicht, so ist eine Täuschung in betreff der Thatsache selbst nicht denkbar. Wohl kann sich auch das Gefühl täuschen, aber nur hinsichtlich des Wertes der Thatsache für das Leben der Seele. Denn nur die Wahrnehmung kann Thatsachen ermitteln und sich also auch in bezug auf Thatsächliches irren. Das Gefühl dagegen kann nur Werte ermitteln und also auch nur in bezug auf Werte Täuschungen hervorbringen. Werden wir unter ganz normalen Verhältnissen, durch sachliche Wahrnehmung, jedes Mal, unter den bestimmten Bedingungen, eines inneren Vorgangs inne, so dürfen wir gewiss sein, an ihm Wahrheit zu besitzen. Das Gefühl wird der Wahrnehmung entsprechen, und die Einbildungskraft die Richtigkeit seiner Auffassung nicht schädigen. Selbst wenn das Gefühl und die Einbildungskraft sich in einer gewissen Erregung befänden, würde das erstere vielleicht den Wert der Thatsachen übertreiben, die letztere sie heben und vergrössern, damit aber noch nicht in ihrem Wesen als so und so geartete Thatsachen ändern. Erst die blinde Leidenschaft oder andre Zustände, welche den regelrechten Verstandesgebrauch aufhöben und insofern abnorm wären, würden Gefühl und Phantasie so aus ihren Fugen reissen können, dass sie den normalen Gebrauch der Wahrnehmungsfähigkeit hinderten und so Gebilde der erhitzten Einbildungskraft für wirkliche, innere Thatsachen nehmen liessen. Genug: so viel steht fest, dass, wenn eine Willensfreiheit existiert, ich nur durch die Wahrnehmung ihrer Existenz und thatsächlichen Beschaffenheit, durch das Gefühl dagegen nur ihres Wertes für mein eigenes Leben inne werden kann.

Da nun, wenn es überhaupt Thatsachen gibt, nur die Wahrnehmung uns dieselben bieten kann, so kann es nur auf die genaue Beobachtung des Inhalts der Wahrnehmung selbst ankommen, um in diesem die wahre Thatsache zu finden. Solch letztes Gegebenes, bis zu welchem die Erkenntnis vordringt, ist selbst, als die Grundlage aller vermittelnden Beweise, keines solchen, sondern nur eines unmittelbaren Hinweises fähig und bedürftig. Um also zur Gewissheit zu gelangen, dass man in dieser Willensfreiheit keine Einbildung, sondern eine Thatsache vor sich habe, muss man die Bewegung, um die es sich handelt, selbst in sich aufsuchen. Denn es kann eben der Erweis einer inneren Thatsache nur von dem Einzelnen an sich selbst, durch eigene, ehrliche Erfahrung angetreten werden. Wer diesen einzig möglichen Weg, das wirkliche Vorhandensein von derlei inneren Bewegungen zu erkennen, nicht betreten will, dem ist ein andrer Beweis nicht zu liefern.

Doch mit der äusseren Wahrnehmung ist es in dieser Hinsicht nicht anders. Wer z. B. bezweifelt, dass der Baum, den er vor sich sieht, wirklich vorhanden und keine Einbildung sei, dem ist dies eben so wenig zu beweisen, als er denjenigen wird widerlegen können, welcher etwa behauptet, dass er nicht recht gescheit sei.

Dagegen wird derjenige, der einer sachlichen Beobachtung fähig ist, sich genötigt finden, den genau ermittelten Inhalt der Erfahrung, sei sie äussere oder innere, als Thatsache anzuerkennen. Und zwar denjenigen Inhalt, welcher den Geist zur

Anerkennung seiner Thatsächlichkeit zwingt. Denn eben an diesem Zwange, welchen derselbe auf uns ausübt, vermöge dessen wir nicht imstande sind, ihn in diesem Momente der Erfahrung nicht zu haben oder nicht so zu haben, als wir ihn haben, ihn als anders beschaffen zu denken, als er sich darstellt, werden wir seiner Thatsächlichkeit inne, im Gegensatz zu dem Gebiete unsrer Einbildungen, deren Dasein und Beschaffenheit gegenüber wir, wie wir aus Erfahrung wissen, mit einer gewissen Willkür schalten können.

Es kommt also alles darauf an, ob die innere Selbstbeobachtung, während des Aktes selbst, oder wenn wir seine Beschaffenheit in unsre Erinnerung zurückrufen, wirklich die Entscheidung als einen freiheitlich von uns ausgehenden Akt ergibt oder nicht. Übrigens versteht es sich von selbst, dass wir der freien Entscheidungsfähigkeit, wie jeder Anlage, nicht von vorn herein bewusst sein können, sondern eben erst durch Erfahrung, bei Gelegenheit ihrer Äusserung, derselben inne werden. Dass wir als Handelnde freie Selbstbestimmung haben, erfahren wir eben dadurch, dass wir einen Akt freier Selbstbestimmung übend, diese Freiheit gewahr werden.

Jetzt aber wird man mir sicherlich einwerfen, meine Widerlegung der Möglichkeit einer Selbsttäuschung und meine Aufweisung der Willensfreiheit in uns selbst stütze sich auf die unerwiesene Voraussetzung, dass es die wahrnehmbaren Bewegungen in unserm Geiste seien, welche den Ausschlag für die Willensentscheidung gäben, während doch immer die Möglichkeit bleibe, die vielleicht sogar wahrscheinlich sei, dass das Ausschlaggebende vielmehr Kräfte wären, welche in der Tiefe unsrer Natur schlummerten, die uns zwar nicht zum Bewusstsein kämen, deren geheimer Einfluss aber um so durchschlagender unsre sogenannte Selbstbestimmung bestimmte.

Jedenfalls müssten diese verborgenen Kräfte, welche eine ebenso entscheidende als versteckte Wirkung auf unsre Entschliessungen ausüben sollen, als treibende Bewegungen, als Triebe, wirken, welche mich als Wollenden zu einem bestimmten Entschlusse zwingen, ohne dass ich etwas von ihrem Zwange merke. Diese Triebe, die uns nicht zum Bewusstsein kommen, müssten so stark sein, dass sie gelegentlich selbst gewaltige Leidenschaften, deren wir uns nur zu sehr bewusst sind, besiegten.

Der ganze Einwand läuft doch wieder darauf hinaus, dass die vermeinte Wahrnehmung einer Willensfreiheit eine Selbsttäuschung sei, welche dadurch ermöglicht werde, dass mir die Momente, welche meinen Entschluss entscheidend bestimmten, nicht zum Bewusstsein kämen, und ich dadurch veranlasst würde, mich als Ausgangspunkt der Wirkung für deren freien Urheber zu halten.

Nun haben wir freilich bereits die Unmöglichkeit einer solchen Verwechselung dargethan, indem wir zeigten, dass wir thatsächlich den Unterschied zwischen den unwillkürlichen Bewegungen, deren Ausgangspunkt wir nur sind, und den willkürlichen, deren freie Urheber wir sind, sehr wohl wahrnehmen. Mit diesem Nachweise könnten wir uns begnügen, da ja nur eine solche Verwechselung diese Selbsttäuschung veranlassen könnte. Dennoch wollen wir auch noch dasjenige in betracht ziehen, was eine derartige Verwechselung überhaupt ermöglichen soll.

Fassen wir die Widersprüche gegen jede Erfahrung ins Auge, welche jene Annahme birgt. Unbewusste Triebe sollen gegen bewusste kämpfen können?

Die Erfahrung lehrt, dass ein Trieb, je stärker er ist, d. h. wirkt, um so mehr sich auch für das Bewusstsein geltend macht. Hat er einen gewissen Höhegrad der Stärke erreicht, so kommt er allemal als solcher auch zum Bewusstsein, wofern sich der Mensch überhaupt zum Bewusstsein, und gar zum Selbstbewusstsein, entwickelt hat. Leugnet man dies, so weise man aus der Erfahrung das Gegenteil nach. Schon danach kann man von vorn herein wissen, dass die bewussten Triebe auch die stärkeren sind, um so stärker, je mehr Bewusstsein sie erzwingen.

Angenommen aber, es könnten unbewusste Triebe als solche in einen Kampf gegen bewusste eintreten, müssten sie nicht einen gemeinsamen Kampfplatz haben? Da nun aber die bewussten Triebe doch thatsächlich bewusste bleiben, müssen da nicht die unbewussten mit dem Beginn des Kampfes und durch denselben, um nur gegen bewusste Triebe kämpfen zu können, auf das den bewussten Trieben allein mögliche Kampfgebiet, nämlich das des Bewusstseins, hinübertreten und somit zum Bewusstsein kommen?! Das ist ganz notwendig.

Aber selbst zugegeben, dass sie als unbewusste mit bewussten Trieben in einen Kampf treten könnten, müssten sie nicht während des oft langen Kampfes der Entschliessung zum Bewusstsein erwachen? — Und wenn sie dennoch weiter träumen, nein, weiter schlafen, — denn Träumen wäre doch schon der

Anfang des Bewusstwerden — sollen sie auch im Schlafe die bewussten Triebe besiegen? — Und dies alles so, dass der Mensch, in welchem diese Schlacht geschlagen wird, während des Kampfes keine Ahnung von diesen verborgenen Bekämpfern seiner Triebe hat, vielmehr meint, er selber, als selbstbewusster Geist, stehe im offenen Kampfe gegen seine Natur, welche sich ihm gegenüber, nach ihren verschiedenen wirkenden Seiten, als eben so viele verschiedene Triebe geltend macht?!

Welches Recht hat man also anzunehmen, dass diejenigen Triebe, welche nicht stark genug sind, um mir als solche zum Bewusstsein zu kommen, heimlich einen stärkeren Einfluss auf meine Entscheidung ausüben sollten, als diejenigen, die so stark sind, dass sie dieselbe, was mir durchaus nicht entgeht, ganz direkt nach einer bestimmten Richtung hin zu beeinflussen versuchen?

Vor meinen Augen vollzieht sich der Kampf zwischen den verschiedenen Seiten meiner Natur, welche sich äussern, d. h. welche als ganz klar erkannte Triebe wirken, und die Entscheidung dieses Kampfes ruht in meiner Hand.

Was soll das also nun noch heissen, wenn man doch wieder einwendet, meine Natur nötige mich eben zu dem Entschlusse, diesem und nicht vielmehr jenem Triebe zu gehorchen?! Was ist denn meine Natur, soweit sie überhaupt für den Entschluss in betracht kommt? — Die Triebe sind es und nichts andres, und zwar, wie wir sahen, als bewusste.

Wären unbekannte Bestimmungsgründe vorhanden, so müssten sie doch wenigstens eine ihren Kräften entsprechende Änderung der Rechnung bewirken und den Anschein verhindern, dass im wesentlichen bestimmte, wahrnehmbare Faktoren ein Facit ergeben, welches, auf Grund der Erfahrung, diesen Faktoren entspricht. Sie müssten doch dem Kampfe der bekannten Triebe gegen einander eine aus diesen unerklärliche Wendung geben! Wenn nun auch nicht geleugnet werden kann, dass zuweilen Triebe und Motive plötzlich auftauchen, d. h. ins Bewusstsein treten, von welchen man nicht recht verfolgen kann, woher sie kommen, so wird doch jeder, der seine Triebe, Neigungen, Leidenschaften und ihre Stärke einigermassen kennt, wissen, dass es die stärksten Triebe sind, und keine in der Tiefe des Gemüts schlummernde, unbekannte Regungen, welche überwiegend mich zu einer bestimmten Entschliessung drängen, aber nicht zwingen.

Was ist es denn, was den Trunkenbold bestimmt, immer wieder zu trinken? Ist es eine geheimnisvoll aus dem Verborgenen wirkende Macht, oder ist es seine, ihm nicht unbekannte Trunksucht? Sollte er diese überwinden können, — mit den unbekannten Trieben seiner Natur, die ihn hier beeinflussen müssten, würde er schon fertig! — Kämpft er gegen seine Leidenschaft an, so handelt es sich für ihn darum, im einzelnen Falle diese ganz bestimmte „schwache Seite" seiner Natur, jene übermässig starke Neigung, dadurch zu überwinden, dass er sich ermannt, d. h. sich energisch zur Aufbietung der ihm übrigen Selbstbestimmungskraft zusammennimmt und aufrafft.

Vielleicht steckt aber hinter der Maske jener grossen „Unbekannten" ein ganz bekanntes Gesicht. Mit diesen wunderbaren, unbewussten Mächten, welche so geheimnisvoll wirken, dass ich sie nur aus ihren Wirkungen, freilich desto mächtiger, kennen lerne, meinen manche im Grunde nichts andres als unser Ich selber, das sie aber hinter dieser mythischen Hülle bisher verkannt haben.

Und in der That ist es unser Ich, welches sich, bedrängt von den bekannten Trieben seiner Natur, entscheidet. Nur muss man nicht meinen, dass dieses, seine Triebe und sich selbst ihnen gegenüber zur klaren Einheit des Bewusstseins und Selbstbewusstseins zusammenfassende Ich sich den Titel, „unbekannte Natur" oder „unbewusste Triebe" gefallen zu lassen brauche. Ein ganzer Haufe unbewusster Triebatome macht noch lange kein einheitliches Ich aus, das sich als einheitliches nicht nur seiner Natur gegenüber stellt, sondern seine Natur auch selber bestimmt.

Stellung des freien Willens zum geistigen Leben des Einzelnen.

So fanden wir denn die Freiheit des Willens, aus deren Verwerfung wir zunächst die heillosen Folgen zeigten, um darauf Einwürfe gegen ihre Möglichkeit zurückzuweisen, sie sogar wahrscheinlich zu machen und als allem unbefangenen Denken inne wohnende Voraussetzung darzuthun, endlich als eine wirkliche Thatsache des Bewusstseins vor. Durch sie wird nun mit einem Male die Entstehung der gesamten sittlichen

Welt erklärlich, die ohne sie unerklärt bleiben musste. So stellt sich denn auch diese Freiheit ihrem Ursprunge und ihrer Bestimmung nach als sittliche dar. Freilich kann der Mensch sich in jedem Falle nur für oder gegen die Auswirkung seiner natürlichen: körperlichen, seelischen oder geistigen Triebe entscheiden, die ja seinem Selbstbestimmungsvermögen erst die äussere Veranlassung zur Äusserung bieten können. Die innere Möglichkeit zur Entscheidung aber gewährt erst das Entscheidungsvermögen, welches sich als Vermögen der Sittlichkeit gleichzeitig mit dem sittlichen Gefühl entwickelt. Dadurch wird der Mensch erst zum sittlichen. Denn erst mit dem Erwachen des sittlichen Gefühls und auf Grund desselben beginnt der Mensch die bis dahin nur unwillkürlichen Äusserungen seiner körperlichen, seelischen und geistigen Triebe sittlich zu bemessen und nimmt infolge dessen seine sittliche Entscheidungsfähigkeit wahr. Zu dieser Messung ist er aber nur insofern fähig geworden, als er den Wert der Willensrichtung als einer sittlichen fühlt. Damit wird die sittliche Bestimmung des Menschen als eine durch Wollen zu verwirklichende vorempfunden. Indem wir also am Massstabe dieses sittlichen Gefühls die einzelnen Triebauswirkungen messen, fühlen wir die eine als der sittlichen Willensrichtung und somit unsrer Bestimmung entsprechend, die andre als ihr widersprechend und erteilen ihnen demgemäss sittliche Werte im entgegengesetzten Sinne. Damit aber ist die sittliche Wertschätzung und Beurteilung der Handlungen als Bedingung und innere Veranlassung zur willkürlichen Wahl zwischen ihnen und somit zum Entscheidungsakte gegeben. Denn so erhalten wir Gelegenheit z. B. die als sittlich wertvoll gefühlte Handlung, welche vielleicht sinnlich als unangenehm gefühlt wird, dennoch der andern vorzuziehen, deren Wertschätzung nach diesem doppelten Massstabe im entgegengesetzten Sinne ausfällt. Erst der durch diesen doppelten Massstab ermöglichte Widerstreit der Triebe kann mich in die Lage versetzen, diesen durch selbständige Entscheidung zu schlichten. Vorher aber ist kein Grund, ja keine Möglichkeit vorhanden, dass sich nicht die Triebe, wie beim Tiere, unwillkürlich auslösen sollten.

Denn wenn zwei einzelne Triebe mich erregen, so folge ich, gemäss dem Glückseligkeitsstreben meines Selbsterhaltungstriebes natürlich dem stärkeren, welchen ich als sinnlich wertvolleren fühle. Dem schwächeren den Vorzug zu geben, kann doch offenbar erst da Bedürfnis und Veranlassung eintreten, wo ihm neben seinem geringeren Werte derselben Ordnung noch ein grösserer Wert höherer Ordnung dem andern gegenüber zukommt. Dieser Fall aber und damit die innere Veranlassung, mein Vermögen freier Entscheidung zu äussern, tritt erst auf dem Gebiete der Sittlichkeit ein.

Wäre der Mensch kein sittliches Wesen, so würde er niemals eine innere Veranlassung haben, sich frei zu dieser oder jener Handlung zu entschliessen. Ehe wir also befähigt sind, uns als sittliche Wesen selbst zu bestimmen, und sofern wir dies (noch) nicht sind, kann keine eigentliche Entscheidung, sondern nur eine unwillkürliche Bestimmung durch sinnliche Triebe, wie bei den Tieren, stattfinden. So wird die unwillkürliche Wahl von Buridans Esel zwischen den beiden gleichen Bündeln Heu offenbar dadurch bestimmt, welches von beiden ihm augenblicklich durch Zufall mehr ins Auge oder in die Nase sticht.

Die sittliche Bedeutung der Handlung steigt mit der zunehmenden Klarheit und Stärke des auf Grund des sittlichen Gefühls sich entwickelnden sittlichen Bewusstseins, so dass zuletzt für das empfindliche „Gewissen" fast keine Handlung mehr sittlich gleichgiltig, „indifferent" bleibt, sondern alle in ihrer förderlichen oder hinderlichen Beziehung zur empfundenen Bestimmung vom sittlichen Gefühle gemessen werden, da ja in der That alle Verhältnisse des Lebens eine Beziehung auf die Sittlichkeit zulassen.

Es ist somit dem Menschen nun möglich geworden, sich für oder wider den mehr oder weniger wahrgenommenen und in seiner sittlichen Bedeutung gefühlten, sittlichen Bestimmungstrieb der Liebe zu entscheiden. Und dadurch, dass er die Liebe oder die Selbstsucht zur Richtschnur seiner Handlungen macht, dass er diese oder jene in ihren verschiedenen Formen zum Beweggrunde derselben erhebt, entscheidet er sich für dieselbe und handelt somit aus Liebe oder Selbstsucht, d. h. sittlich oder unsittlich.

An sich ist kein natürlicher Trieb sittlich oder unsittlich, weder ein geistiger, noch ein seelischer oder körperlicher. [Ich unterscheide meistens „Seele" und „Geist" als bequeme Ausdrücke für die Gruppierung der betreffenden Vorgänge.] Aber seit dem Entstehen eines sittlichen Massstabes kann nun die Auswirkung aller der Willkür zugänglichen Triebe eine sittliche Bedeutung erhalten.

Wenn wir z. B. „etwas darauf geben", jetzt den kleinen Finger hochzuheben, und nicht den grossen, so können wir uns dafür aus dem sittlichen Beweggrunde (natürlich doppeldeutig zu verstehen) der Laune, Rechthaberei oder sonst einem entscheiden. Doch können wir dann dieses Entscheidungsvermögen, in dessen Besitz wir freilich nur als sittliche Persönlichkeiten gelangen konnten, auch in sittlich völlig gleichgiltigen Verhältnissen spielen lassen. Damit wird es zur Willkür im eigentlichen Sinne.

Wenn ich z. B. auf einem Scheidewege schwanke, welchen Weg ich einschlagen soll, und mich dann entscheide, demjenigen zu folgen, welcher auf einen Berg mit schöner Aussicht führt, so ist der Beweggrund meiner Entscheidung kein sittlicher, sondern ein ästhetischer. Ich entscheide mich für den mir vorschwebenden Zweck, die Befriedigung meines Bedürfnisses: die Naturschönheit zu geniessen, nicht als ob ich diesem Motive folgen müsste, sondern weil ich keinen Grund habe, den grösseren Genuss abzuweisen. Ich gehorche also freilich dem stärkeren Triebe, welchen ich zu meinem Motive mache, indem ich die Befriedigung desselben zu meinem Zwecke erhebe, aber ich beschliesse doch, ihm zu folgen. Hier ist daher allerdings eine Entscheidung, wenn auch keine sittliche, vorhanden. Der Beschluss freilich, dem stärkeren Triebe nicht zu folgen, könnte wohl erst durch sittliche Motive veranlasst sein. Der Zweckwille, meinen Natursinn in der sich mir darbietenden Weise zu befriedigen, wird dann den Willen des Mittels, vermöge dessen der Zweck erreichbar ist, veranlassen, nämlich: den betreffenden Weg einzuschlagen.

Doch nehmen wir an, es wäre mir auf jenem Scheidewege ganz gleichgiltig gewesen, welchen Weg ich nähme, da der eine nicht mehr Anziehung auf mich ausübte als der andre. Meist wird mir freilich bei der Erwägung irgend ein Vorzug des einen vor dem andern einfallen, z. B. dass der eine besser zu gehen, also für die Füsse bequemer ist, wo dann die Bequemlichkeit als sinnliches, ganz wie vorher ein ästhetisches Motiv, meinen Entschluss veranlassen wird. Aber es kann doch auch sein, dass ich mich, ohne dass mir ein solcher Grund beifiele, für einen ganz beliebigen Weg entschiede, in dem Bewusstsein, ebenso gut auch den andern wählen zu können, nur um mich nicht aufzuhalten, sondern weiter zu kommen. Ich gehe ihn eben, „weil ich ihn gehen will."

Ist hier nicht die reine Willkür selbst mein Beweggrund? — Doch nicht, sondern eben der Wunsch, weiter zu kommen und mich nicht aufzuhalten. Da ich mir die Befriedigung dieses Bedürfnisses zum Zwecke setze, so nehme ich dann eins von den beiden, für meinen Zweck gleichwertigen Mitteln, und in bezug auf dies Mittel, nämlich den einzuschlagenden Weg, äussert sich nun in der That nur der Wille, nicht zu erwägen, nicht zu wählen oder zu wollen. So überlasse ich mich dann einfach der durch augenblickliche Laune oder Zufall bestimmten, unwillkürlichen Bewegung meiner Glieder und gebe der Nase nach, dorthin, wohin meine Füsse mich führen.

Wenn wir aber nicht ausdrücklich beschliessen, uns in bezug auf das Mittel, wie hier, unsern Trieben zu überlassen, „uns gehen zu lassen"; wenn wir wirklich auch das Mittel, den betimmten Weg, ausdrücklich wählen, dann wird auch wohl ein, wenn auch nicht zu völligem Bewusstsein gekommener Trieb vorhanden sein, der uns als halbbewusster, also halber Beweggrund leitet.

Da jedoch das wahre und volle Wesen der sittlichen Freiheit in Fragen, welche nicht nur in einzelnen Momenten für Einzelne, sondern für jeden Menschen sittliche Bedeutung haben, am klarsten zu Tage tritt, so werden wir von jetzt ab von der sogenannten Willkür rein als solcher absehen.

Die Willensfreiheit bethätigt sich nun auf zwei Hauptgebieten, auf denen sich das Seelenleben des Menschen bewegt, nämlich nicht erst auf dem praktischen, sondern schon auf dem theoretischen, wo sie von Ulrici, einem der bedeutendsten Denker der Jetztzeit, passend „Denkwillkür" genannt wird.[*]) Wir können ja bekanntlich anschauen, vorstellen, denken u. s. w. wollen, aber auch nicht wollen. Wir sind ferner imstande, in den unwillkürlichen Verlauf sowohl des anschauenden, vorstellenden, als des beziehenden, Begriffe bildenden, urteilenden Denkens willkürlich einzugreifen, indem wir eine einzelne Vorstellung, einen einzelnen Gedanken u. s. w. absichtlich festhalten, d. h. unsre Aufmerksamkeit auf ihn richten. Auch darauf hat Ulrici schon hingewiesen, dass diese Äusserung der Willensfreiheit, die absichtliche Aufmerksamkeit, die notwendige Vorbedingung für jeden Entscheidungsakt bildet. Die Veranlassung, welche den Geist

---

*) Das ursprüngliche Programm erschien noch bei Lebzeiten des verehrten Mannes.

zur Fixierung einer Vorstellung bewegt, mag nun ein äusseres Bedürfnis sein u. dgl., oder auch etwa die Teilnahme, die er einem Gegenstande, der ihn zunächst unwillkürlich anzog und fesselte, nun willkürlich zuwendet. Schon diese Fixierung ist häufig nicht ohne sittlichen Wert. Denn es ist sittlich nicht gleichgiltig, ob und für welche Gegenstände ich mich interessiere oder nicht interessiere, ob ich denen, welche zunächst meine Aufmerksamkeit unwillkürlich auf sich gelenkt haben, dieselbe nun auch willkürlich schenke. Schon in der Interesselosigkeit und Aufmerksamkeit Dingen gegenüber, welche Interesse und Aufmerksamkeit verdienen und umgekehrt liegt eine sittliche Schuld. Dies absichtliche Zuwenden des Interesses und infolge dessen der willkürlichen Aufmerksamkeit ist schon die erste (sittliche) That.

So wird denn die Aufmerksamkeit, wenn das sie hervorrufende Interesse und infolge dessen sie selbst einen bestimmten Höhegrad erreicht hat, nicht mehr unwillkürlich, sondern nur noch willkürlich geübt werden. Und so ist es daher auch bei allen denjenigen geistigen Thätigkeiten, welche diese anhaltendere Richtung des Geistes auf einen bestimmten Gegenstand zur Voraussetzung haben, beim Beobachten, Betrachten, Suchen, Untersuchen u. dgl. Die Forschung aber, auf welcher die Möglichkeit einer Wissenschaft beruht, ist gar nicht ohne diese willkürliche Aufmerksamkeit denkbar.

Wenn nun auch das objektive Interesse des Menschen für die Welt der Dinge und Erlebnisse den Grund dafür bildet, dass er Vorstellungen von Dingen und Vorgängen zum Zwecke liebevoller Betrachtung und sachlichen Wohlgefallens willkürlich fest hält, sie würdigend und sich ihrer Schönheit freuend bei ihnen verweilt und sich in sie versenkt (worauf ich in meiner Dissertation „über den Ursprung der Sprache aus dem poetischen Triebe" näher eingegangen bin), — so ist doch somit auch die Möglichkeit einer Kunst, welche als solche die innig aufgenommene und lebensvoll angeeignete Welt der Dinge und Erlebnisse begeistert wiedergibt, bedingt durch den Entschluss, welcher den Dingen und Vorgängen die zunächst unwillkürlich in Anspruch genommene teilnehmende Aufmerksamkeit nun mit voller Absicht zuwendet.

Jeder Lehrer setzt voraus, dass diese Aufmerksamkeit bis zu einem gewissen Grade der Willensfreiheit unterworfen ist, und macht deshalb dem Schüler aus der Unaufmerksamkeit einen Vorwurf.

Wie man aber absichtlich aufpassen kann, so kann man auch mit Willen nicht aufpassen, die Richtung seines denkenden Geistes von einem Gegenstand ablenken. So kann man die Erkenntnis irgend einer Wahrheit, z. B. der Willensfreiheit, dadurch unmöglich machen, dass man es absichtlich nicht zu einer genaueren Überlegung der Sache und Prüfung ihrer Gründe u. s. w. kommen lässt. Und gerade der Missbrauch der Willensfreiheit auf theoretischem Gebiete hindert mehr als die Beschränktheit des Verstandes die Einsicht und den Fortschritt der Erkenntnis. Daher die vielen Systeme, von denen das eine mit der gleichen Zuversicht dasjenige behauptet, was das andre leugnet; daher die Verstocktheit im Festhalten thörichter Anschauungen und Vorurteile.

Aber ich vermag nicht nur meinen Geist unwillkürlich auf bestimmte Vorstellungen hinzurichten, von andern dagegen abzusehen, sondern es gelingt der eigentümlichen Energie meines Willens sogar, die Leistungsfähigkeit meiner Seelenvermögen zu steigern und bis aufs Äusserste zu spannen, und andrerseits wiederum die Bethätigung derselben mehr oder weniger zu hemmen, zu unterdrücken und auf andre Wege zu bringen. Ja selbst dem Einbildungs- und Gefühlsvermögen gegenüber hat der menschliche Wille eine gewisse Macht.

Findet man doch manche schauspielerisch angelegte Naturen, besonders Kinder, zumal Mädchen, welche es dadurch, dass sie sich mit ihrer Einbildungskraft absichtlich in eine klägliche Gefühlsstimmung hineinversetzen, selbst bis zum Weinen bringen können, da dieses absichtlich erzeugte Schmerzgefühl dann von selbst die begleitenden Reflexbewegungen auslöst.

Andrerseits leuchtet ein, wie dies Vermögen, die Richtung seiner Vorstellungen zu ändern und zu bestimmen, die einen zurück zu drängen, die andern herbeizuholen und die Spannkraft seiner seelischen Fähigkeiten zu erhöhen, auch imstande sein wird, gute Neigungen, Gewohnheiten und Beweggründe u. dgl. zu kräftigen und zu befestigen, und wie es so auch mittelbar der Ausbildung des sittlichen Charakters dienstbar werden kann.

Worin besteht denn nun der Unterschied des Wollens auf theoretischem und praktischem Gebiete? Praktisch bin ich auch als Wollender in dem weiteren Sinne, dass ich thätig bin, d. h. Veränderungen nicht nur geschehen lasse, sondern bewirke. Dagegen bin ich nur als Handelnder „praktisch" in dem engeren Sinne, in welchem ich darunter mein Wirken auf die Aussenwelt verstehe. Meine Thätigkeit und die durch sie bewirkten Veränderungen beziehen sich also im ersten Falle ausschliesslich auf mein Geistesleben, treffen nur mein Inneres unmittelbar, während das „Thun" im engeren Sinne unmittelbare Veränderungen in der Aussenwelt, zunächst in den Bewegungsorganen meines Körpers, als des mir nächsten Teiles derselben, hervorbringt.

Machen wir uns den Unterschied beider Vorgänge an einem Beispiele klar. Wenn wir etwas „thun", z. B. essen wollen, so wollen wir ein sinnliches, wenn wir nachdenken wollen, ein geistiges Bedürfnis befriedigen. Diese Befriedigung meines Bedürfnisses ist in beiden Fällen mein letzter eigentlicher Zweck. Wenn ich aber das Ziel des Befriedigung heischenden Triebes auf rein geistigem Gebiete zum Zweck mache, so ist der Verlauf der Vollziehung meines Entschlusses einfacher. Meine Geistesnatur liefert nach ihren Gesetzen unmittelbar den Stoff, woran sich mein, etwa auf Nachdenken gerichteter Geist bethätigen kann. Der Vorstellungsverlauf schafft die Gedanken herbei. So genügt denn oft ausser dem Zweck-Willen, der nächste Mittel-Wille, ich meine derjenige Entschluss, vermöge dessen ich auch das Mittel will, mir zum (vermittelnden) Zweck setze, so hier der Wille: bestimmte von den mir sich darbietenden Gedanken zu Gegenständen meines Nachdenkens zu machen. Ja selbst der Mittelwille wird unter Umständen fortfallen, z. B. wo sich der bestimmte Gegenstand von selbst versteht, auf welchen sich das Nachdenken richtet.

Nicht so auf körperlichem Gebiete. Hier kann ich meinen Zweck nicht ohne weiteres erreichen, weil sich hier der Trieb, dessen Befriedigung ich will, nicht so unmittelbar auswirkt. Mein erster Entschluss, das Bedürfnis des Hungers zu befriedigen, veranlasst nicht so einfach seine Befriedigung, weil diese eben an äussere Mittel und das Ergreifen derselben durch meine Glieder gebunden ist. Um zu meinem Zwecke zu kommen, muss ich bei dem regelrechten Entschliessungsakte auch noch mehrere, mindestens zwei, Vermittelungen ausdrücklich wollen.

So ist die Stillung des Hungers nur zu vermitteln durch Aneignung der Nahrung. Es muss daher zu meinem Entschlusse, den Hunger zu stillen, auch zweitens noch der Wille, mir die Nahrung anzueignen, hinzukommen.

Die Aneignung der Nahrung kann nur geschehen, indem ich sie zu mir nehme, d. h. eine bestimmte Bewegung der Glieder ausführe. Ich muss also drittens mich zu der bestimmten Gliederbewegung entschliessen, welche dann im normalen Zustande ohne weiteres von selbst erfolgt.

Der Unterschied beider Vorgänge besteht also darin, dass das Wollen auf rein geistigem Gebiete nur ein Wollen des Zweckes ist, dem sich dann die Mittel ohne weiteres darbieten, dass ich dagegen, so weit das körperliche und materielle Gebiet in betracht kommt, noch die etwas weitläufigeren, einzig möglichen Vermittelungen ausdrücklich wollen muss, um zu meinem Zwecke zu kommen. Es findet hier also nicht nur ein Wollen des Zwecks, sondern auch der Mittel statt.

Diese Reihe würde wenigstens die regelrechte Folge der Willensakte eines vollständigen Entschlusses bilden, welcher sich auf äussere Handlungen bezieht. Freilich wird sich der Entschluss gewiss häufig, ohne von seinem wesentlichen Charakter etwas einzubüssen, so verkürzen, dass nur das erste Glied der Reihe auf ausdrücklichen Willensentschluss eintritt, während dann die instinktive Triebauslösung die weitere Vermittelung übernimmt. Werde ich doch allmählich nicht nur meines Organismus, sondern auch meines geistigen Mechanismus soweit Herr, dass, wie es scheint, der Zweckwille die Stelle des durch Gewohnheit fest an ihn geknüpften Mittelwillens mit versieht, und wenn kein besonderer Umstand das ausdrückliche Wollen der Mittel als solcher nötig macht, geradezu die Handlung veranlasst. Ich setze hier stets voraus, dass die Handlung nicht instinktiv geschieht, sondern eine wirkliche, d. h. gewollte Handlung ist.

Man will also stets die Ausführung einer Thätigkeit als Mittel für den Zweck einer Bedürfnisbefriedigung. Der Zweck ist somit immer das, was ich unmittelbar und zuerst will; um des Zweckes willen will ich dann zweitens das Mittel. Der Zweck ist die Herbeiführung einer Bedürfnisbefriedigung, als eines angenehmeren Zustandes, das Mittel eine körperliche oder geistige Thätigkeit. Sofern mich der Trieb antreibt, diesen angenehmen Zustand, sein natürliches Ziel, zu meinem Zweck zu machen, ist er ein Antrieb; mache ich dasselbe wirklich zum Zweck, so erhebe ich damit den Antrieb zu meinem **Beweggrund** oder **Motiv**.

Doch verfolgen wir nun den Gang der Entschliessung von Stufe zu Stufe und vergegenwärtigen wir uns seine einzelnen Momente von Anfang bis zu Ende. Wie entsteht in der Seele der Willensakt?

Hat ein Bedürfnis einen bestimmten Höhegrad erreicht und heischt Befriedigung, so kommt es zum Bewusstsein. Alsdann tritt daher, dem Verlaufe der Vorstellungen gemäss, vor die Seele:

1) Die Vorstellung des Bedürfnisses selbst, als die bestimmt geartete Empfindung eines Mangels.

2) Die Vorstellung des Zustandes des befriedigten Bedürfnisses, des ausgefüllten Mangels. Denn das Bedürfnis drängt instinktiv auf sein Ziel, die Befriedigung, hin; daher entsteht am leichtesten die Vorstellung dieser Befriedigung selbst. Die Vorstellung dieses Befriedigungszustandes verknüpft sich dann naturgemäss mit der

3) Vorstellung des Gefühls und mit einem (schwachen) Gefühle der betreffenden bestimmt gearteten Annehmlichkeit jener Befriedigung. Dann wird der Trieb zur

4) Strebung nach diesem bestimmten, angenehmen Befriedigungszustande, und diese führt herbei

5) die Vorstellung des aus Erfahrung bekannten Befriedigungsmittels, das sich der unruhig nach Befriedigungsmitteln suchenden Seele als geeignet anbietet, nämlich der den angenehmen Zustand herbeiführenden Thätigkeit, unmittelbar der betreffenden Körperbewegung eventuell samt dem Gegenstande derselben und was hierher gehört. Daran schliesst sich

6) das Begehren, diese vermittelnde Thätigkeit auszuführen, zugleich mit der Vorstellung der auf diese Weise erfüllten Begehrung. — Der auf diese Stufe gehobene Trieb löst dann beim blossen Sinnenwesen oft von selbst, d. h. unwillkürlich die betreffende Thätigkeit aus, falls sie möglich ist und keine organischen Hindernisse vorliegen. — Verknüpft sich jedoch mit der Vorstellung der die Befriedigung herbeiführenden Thätigkeit oder mit der Vorstellung der erfüllten Begehrung die Vorstellung aus Erfahrung bekannter, schädlicher Folgen der erfüllten Begehrung, so tritt neben der Begehrung, dieser entgegenwirkend, ein Nichtbegehren, eine Abneigung auf, da die Seele vor den mit jenem angenehmen Zustande verknüpften unangenehmen Folgen zurückschreckt. — So wird schon beim Tiere der Selbsterhaltungstrieb, vermöge dessen es Schädigungen seines Lebens fühlt, welche sich durch schmerzliche Erregung seiner Nerven fühlbar machen, durch Leidvorstellungen zu dieser Gegenwirkung veranlasst. Dieser schwächt oder stärkt somit, aber unwillkürlich, die Einzeltriebe durch die Affekte der Furcht oder Freude. — Erst nachdem, durch irgend welche Umstände, für den Augenblick oder über-

haupt, jene unangenehme, die Auslösung der Begehrung hemmende Vorstellung verschwunden ist, gibt dann das Tier der Bewegung nach. — Die ganze bisherige Reihe der Momente, welche eine Entschliessung vorbereiten, verkürzt und modifiziert sich natürlich gelegentlich, z. B. wenn das ursprüngliche Bedürfnis auf Veranlassung eines anschaulichen Gegenstandes erwacht, welcher seine Befriedigung verspricht. So wird ein Hund, welchem von der einen Seite eine Wurst, von der andern eine Wurstschale hingehalten wird, den grösseren Wert der Wurst zur Befriedigung seines Nahrungsbedürfnisses unmittelbar fühlen, weil sich mit der Vorstellung der ganzen Wurst das Gefühl einer grösseren Lust für seinen Trieb verknüpft hat. — In solchen Fällen der Äusserung sinnlicher Triebe mag auch beim Menschen die Handlung nicht immer nach verständiger Erwägung und dem daraus fliessenden Urteil, sondern nach dem oft recht launischen, instinktiven Wertgefühl erfolgen, das nur die Grundlage des Wert-Urteils beim Menschen bildet. Dann ist eben von Erwägung und also auch Entscheidung eines Willens nicht die Rede. — Wenn ein Tier, wie unschlüssig, zwischen der Auswirkung zweier, in Widerstreit befindlicher Triebe oder zwischen zwei Mitteln der Triebbefriedigung schwankt, wie Buridan's Esel, ist dieses Schwanken noch nicht Erwägung zu nennen, weil hier nicht sowohl das Tier, als selbständiges Wesen, diese verschiedenen Gewichte abwägt, sondern diese von selbst sich aufwiegen und der überwiegende Trieb notwendig den Ausschlag giebt.

Soweit bildet der soeben angedeutete Hergang auch für das menschliche Wollen die sinnliche Grundlage. Aber von dem Punkte an, wo das Begehren erwacht ist, die bestimmte, das Ziel des Triebes vermittelnde Thätigkeit auszuführen, wird der Verlauf zusammengesetzter, wenn es nun zu einem wirklichen Wollen kommen soll, sofern nicht auch beim Menschen das Triebleben einfach unwillkürlich die Bewegungen auslöst, welche dann aber keine Handlungen, sondern Ereignisse, leidende Zustände in ihm sind. — Die sittliche Persönlichkeit nämlich, welche auf Grund ihres sittlichen Gefühls die Handlungen nicht nur in bezug auf ihren sinnlichen, sondern auch auf ihren sittlichen Wert abschätzt und sich der Pflicht bewusst geworden ist, dieselben demgemäss zu regeln und zu ordnen, gewöhnt sich daran, auch die ihr in sittlicher Hinsicht als schädlich vorschwebenden Folgen im voraus mit zu berücksichtigen und daher den zur Begehrung gewordenen Trieb sich nicht ohne weiteres auslösen zu lassen. Sie äussert nun vielmehr sachgemäss ihre Fähigkeit selbstbewussten, freien Entschliessens nach ihren beiden Seiten hin zunächst darin, dass sie als praktische die Begehrung, als theoretische die zugehörigen Vorstellungen

7) fixiert, d. h. anhält und festhält, um so eine Erwägung und Prüfung ihrer Beschaffenheit, ihrer Folgen und somit ihres Wertes, auch in sittlicher Hinsicht, zu ermöglichen. Denn auch dieses praktischen Hemmungsentschlusses scheint es in der That zu bedürfen, um die unwillkürliche Auslösung der reif gewordenen Triebe, ihr Übergehen in Bewegung, zu hindern. Diese doppelte Fixierung, deren theoretische Seite wir schon besprachen, ist also der erste, eigentliche Willensakt, welcher notwendig ist, wenn es zu einem regelrechten Entschlusse kommen soll, und hiermit beginnt das spezifisch menschliche Stadium des in Rede stehenden Vorgangs, welcher von hier ab eigentlich erst Entschliessung zu nennen ist. Dem Akte des Festhaltens folgt nun naturgemäss

8) die (absichtliche) Erwägung. Diese besteht in einem (selbständigen) Abwägen aller Momente der Begehrung, beziehentlich zukünftigen Handlung, wozu also mindestens zwei Gewichte erforderlich sind, die sich gegenseitig aufzuheben suchen, wenn auch das eine nur die Nichtauslösung der betreffenden Handlung bedeutet. Alle bisher nur bewussten Beziehungspunkte derselben treten nun, infolge des selbstbewussten Fixierungsaktes, bei der Erwägung ins Licht des Selbstbewusstseins, um hier gegen einander abgewogen zu werden. Dazu gehören also: der Trieb, sein Ziel, seine Vermittelungen, d. h. die unmittelbaren und mittelbaren Handlungen, unmittelbaren und mittelbaren Folgen u. s. w., kurz: alle bisher angeführten besonderen Momente des Entschlusses, samt dem sinnlichen, vor allem aber sittlichen Werte der Handlung, welcher mehr oder weniger gefühlt wird im sittlichen Gefühle.[21]) Bin ich gewissenhaft, d. h. entschlossen, mich nach bestem Wissen und Gewissen zu richten, so werde ich nun bei dieser Erwägung genau das Für und Wider prüfen. Andrerseits hat schon hier die Denkwillkür weiten Spielraum. — Ist diese Erwägung vollzogen, so folgt, oft nach längerem Schwanken der Wage, als ihr Facit,

9) das Werturteil, d. h. das selbstbewusste Urteil über den

Wert der einen oder andern Handlung für die Verwirklichung eines vorschwebenden, bestimmten sinnlichen oder sittlichen Zweckes, welcher letztere hier natürlich besonders in betracht kommt. Vielleicht fällt das Werturteil auch dahin aus, dass beide Triebe, beziehentlich Handlungen keinen sittlichen Wert haben, dass ihre verhältnismässigen Werte für bestimmte Seiten unsres Lebens der Verwirklichung unsrer Bestimmung entgegenstehen, sie bestreiten. — Darauf folgt naturgemäss

10) die Zubilligung oder die Anerkennung des Werturteils, vermöge deren wir den erkannten (sittlichen) Wert nun auch mit Willen — also wieder ein Willensakt — der einzelnen Handlung zubilligen. — Es verdient besonders betont zu werden, dass der erkannte (sittliche) Wert der Handlung noch besonders anerkannt oder nicht anerkannt wird. Denn der Mensch kann sich gegen die Erkenntnis der sittlichen Beschaffenheit der Handlung (dass sie böse oder gut ist) verstocken und sich einreden, sie sei nicht, wie sie ist (gut oder böse). Die Schuld desjenigen, welcher sich so verblendet und dann z. B. die böse Handlung thut, von welcher er sich eingeredet hat, dass sie gut sei, liegt nicht ganz auf demselben Felde, als die Schuld dessen, der die als böse erkannte und auch anerkannte Handlung dennoch begeht, sondern ein Feld früher. Denn diese Zubilligung ist noch nicht

11) der eigentliche Entscheidungsakt, welcher nun erst erfolgt, nämlich für oder wider die Handlung. Dieser besteht offenbar nach allem Obigen darin, dass ich als praktisch sittlicher Geist der Ausführung einer vorgestellten körperlichen oder geistigen Bewegung, aus sittlichen, unsittlichen oder sittlich gleichgiltigen (indifferenten) Beweggründen zustimme oder sie verwerfe — mein Placet erteile oder verweigere. — Freilich kann man auch — das ist die dritte Möglichkeit der Entscheidung gegenüber einer vorgestellten Handlung — willentlich die Ausübung seines Wollens aufheben. Man kann: nicht wollen wollen, d. h. beschliessen, sich gehen und treiben zu lassen. Das ist die Art aller Pilatusse. Umgekehrt setzt jeder Entschluss ein Zusammennehmen seiner sittlichen Kraft voraus. Entschlossenheit hat die Form der Tugend, Unentschlossenheit diejenige der Sünde, soweit diese in sittlicher Schlaffheit besteht.

Die Veranlassung zur Entscheidung wird aber erst durch Entzweiung der Triebe geboten. Denn die Wahl der Entscheidung findet eben zwischen wenigstens zwei möglichen Willensäusserungen statt, wenn die eine sich auch nur auf das Unterlassen einer Handlung bezieht, was doch immer ein positives Beharren im bisherigen Zustande besagt.

Die Entscheidung äussert sich demnach als eine Hemmung beziehentlich Unterdrückung, oder Zulassung, beziehentlich Veranlassung der Auswirkung der Triebe.

Stehe hier endlich zur Erläuterung des Vorgangs der Entscheidung noch ein Beispiel.

Es handle sich darum, ob jemand einem bedürftigen Armen etwas geben will oder nicht. Zum einen wird er angeregt durch den Trieb des Mitleids, der jetzt seinem Entschlusse gegenüber als Antrieb wirkt, zum andern durch seinen Geiz oder seine Bequemlichkeit. Er schwankt. Bei näherer Überlegung stellt sich ihm das Nichtgeben als unbarmherzig und verwerflich dar (Stufe des sittlichen Werturteils). Er könnte nun diese Erkenntnis innerlich mit Willen niederkämpfen, um nicht geben zu müssen. Aber er thut es nicht, sondern erkennt seine Verpflichtung an, jetzt den Antrieb des Mitleids, der grossen Dürftigkeit gegenüber, zum Beweggrunde seines Handelns zu machen. Obwohl er nun das Geben als seine Pflicht erkannt hat, wäre es doch denkbar, dass er gegen seine bessere Überzeugung sich verstockte und sich nicht zum Geben entschlösse. Er beschliesst aber zu geben, indem er sich seiner Bequemlichkeit schämt, und greift in den Beutel.

Wir erwähnten soeben die Möglichkeit, dass jener Mensch sich hätte gegen sein besseres Wissen (Stufe der Anerkennung, beziehentlich Nichtanerkennung), ja gegen sein Gewissen (eigentlicher Entscheidungsakt) entscheiden können. Diese Möglichkeit ist bekanntlich vielfach, selbst von einem Sokrates, bestritten worden. Viele meinen gar, die Menschen würden durch die sogenannte Bildung, worunter man dann oft vorwiegend oder ausschliesslich Verstandesbildung versteht, einige glauben wenigstens, sie würden durch wahre Herzensbildung, d. h. Mitteilung richtiger, sittlicher Begriffe und sittliche Erziehung, zum guten Wollen und Handeln gezwungen. Und doch ist das Gegenteil Thatsache innerer Erfahrung, und wer sich selbst kennt, weiss, dass er mehr als einmal sich gegen sein besseres Wissen und Gewissen entschieden hat. Wenn jemand das aber thut, was ist sein Beweggrund? — Er will sich meist einen, selbst unberechtigten, Genuss von etwas, das ihm behagt, nicht versagen oder beschneiden. In unserem Falle würde dies die behagliche, ungestörte Bequemlichkeit oder der Genuss am Besitze des Geldes sein. Zuletzt kommt es darauf hinaus, dass man nicht lieben, sondern Selbstsucht üben will. Warum das? ist eben nicht zu beantworten, weil dieser Entschluss unmittelbar aus der Freiheit entspringt, also nicht aus weiteren Gründen abgeleitet werden kann, da die Freiheit eine Selbstursächlichkeit ist. Dass wir uns aber in der That zuweilen aus Selbstsucht der Liebe verschliessen, kann nur der leugnen, welcher die Irrgänge seines Herzens nicht kennt.

Endlich müssen wir noch einen Schritt weiter in die Tiefen dieses wunderbaren Willensvermögens vorzudringen suchen. Der Mensch als Wollender übt nämlich nicht allein eine gewisse Macht über sein Denken und Thun, sondern auch über sein eignes Wollen aus. Da der Wille ja eine, nur durch sich selbst bedingte Selbstbestimmung (zu einer Thätigkeit, und das Wollen ist doch selbst eine) ist, so muss es auch eine Selbstbestimmung zur Selbstbestimmung, ein Wollen des Wollens geben. Und in der That giebt es dies. Nehmen wir ein Beispiel. Wenn ich essen will, so heisst das: ich will dem Nahrungstrieb folgen, ihm die Mittel der Befriedigung verschaffen. Ich kann mich aber auch entschliessen, essen zu wollen, nachdem ich es bisher nicht gewollt habe. Dadurch wird offenbar der Entschluss in sich selbst vertieft.

Es gibt Leute mit schwerfälligem Willen, denen das Wollen so schwer wird, dass sie sich auch zu leichteren Thätigkeiten erst ermannen und entschliessen müssen. Andre wieder, denen es sonst nicht an Schwungkraft des Willens fehlt, können in einem bestimmten Falle nur darum nicht wollen, weil sie nicht wirklich wollen wollen. Unter Umständen aber gehört für jeden ein Entschluss dazu, bestimmte Entschlüsse zu fassen, z. B. den freiwilligen Tod sterben zu wollen.

Man kann sich aber auch ein für alle Male „vornehmen", energisch zu wollen, beziehentlich bestimmte Dinge konsequent thun zu wollen. Solche allgemeinen Vorsätze sind dann Grundsätze des Handelns, welche den Entschluss für den einzelnen Fall erleichtern können. Die grosse Bedeutung dieses Punktes für die Charakterbildung leuchtet ein. Ohne diese Grundsätze ist natürlich kein konsequentes Wollen möglich, sondern nur vereinzelte Willensentschlüsse, Versuche zu wollen. Machen die Velleitäten nicht einem beharrlichen Wollen nach Grundsätzen Platz, so wird der Mensch immer weniger aus Willen und immer mehr aus tierischen Instinkten und Trieben handeln. Er wird immer willenloser werden, indem seine Entschlussfähigkeit aus Mangel an vernünftiger Übung immer schwächer wird.

Ähnlich also wie man sich als Denkender zum Gegenstand seines Denkens macht und sich so in sein geistiges Wesen vertieft, kann man sich auch als Wollender seiner Selbstbestimmung unterwerfen, einmal oder ein für alle mal, und so sein Willenswesen vertiefen, seine Willenskraft stärken.

Wir haben also gefunden: Der Mensch hat wirklich eine Selbstbestimmung und dadurch die Möglichkeit einer Herrschaft über sich. — Aber verliert er letztere nicht thatsächlich oft? Wird er nicht vielfach von der Gewalt der Leidenschaft besiegt? — Gewiss unterliegt er in vielen Fällen nur darum seiner Leidenschaft, weil er ihr nicht widerstehen, sich nicht beherrschen will, oder weil er sie doch, durch eigne Schuld, nicht bezwang, so lange sie noch nicht zur unbezähmbaren Begierde geworden war, deren Knecht er so aus freiem Willen wurde, und deren Joch er jetzt vielleicht widerwillig trägt. Aber dem sei, wie ihm wolle; thatsächlich raubt nicht nur Geistesstörung u. dgl., sondern auch die Leidenschaft, wenn sie einen bestimmten Höhegrad erreicht hat, einem die Besinnung, d. h. das klare Selbstbewusstsein und damit die Herrschaft über sich selbst und macht den Menschen also „unzurechnungsfähig". Der Lateiner hat dieselbe Erfahrung, dass mancher seiner selbst „nicht mächtig" ist, oder sich nicht zügelt, in dem Worte „impotentia" niedergelegt. In ähnlichem Sinne sagt der Grieche „akrateia", und Ähnliches findet sich wohl in allen Sprachen. Beispiele dafür aber, dass die „blinde", d. h. verblendende Leidenschaft den Menschen in einen Zustand versetzt, in welchem er „sich selbst nicht kennt" und daher willenlos von ihr fortgerissen und geknechtet wird, bietet uns jeder echte Dramatiker, der ein Prophet des inneren Lebens ist, genug, Beispiele bietet das wirkliche Leben nur zu viele. Ergreifend ist der Kampf des Othello gegen seine Eifersucht, die ihn endlich übermannt und zur furchtbaren That hinreisst, jammervoll der Seelenkampf manches Menschen, der immer wieder vergeblich gegen seine Leidenschaft, seine zum „Laster" gewordene, dauernde, gewohnheitsmässige leidenschaftliche Stimmung angeht und ihrer nicht Herr wird. Doch was suchen wir äussere Zeugnisse? Jeder hat in seinem Leben oft genug nicht nur die Freiheit seines Willens, sondern die Begrenztheit derselben erfahren.

Zwar eine gewisse Kraft hat auch einer schon erstarkten Leidenschaft gegenüber der einfache Entschluss, sie zu bekämpfen. Wer sich zum Kampfe gegen dieselbe, zumal aus sittlichen Beweggründen zusammennimmt, d. h. das Mass seiner Willenskraft, das er eben hat, aufwendet, wird sie zweifellos in manchem einzelnen Falle „unterkriegen" (debellare), während er ihr sonst unterlegen wäre. Wohl kann man zuweilen selbst starke Begierden überwinden. Aber immer? Fällt nicht mancher Unglückliche, der jahrelang erfolgreich seine böse Neigung, z. B. die Trunksucht, bekämpfte, ihr dennoch zuletzt wieder zum Opfer? Ja, es ist nicht unmöglich, dass gegen Versuchungen von gewisser Art und gewisser Höhe keines Menschen Willenskraft ausreicht, so dass man sich davor höchstens durch die Flucht retten kann. „Jeder hat seinen Preis."

Und kann es denn anders sein bei dem Menschen, diesem in jeder Hinsicht beschränkten Geschöpfe, als dass auch das Mass der Willenskraft, wie das jeder andren seiner Kräfte, kein unendliches, absolutes, sondern ein ganz bestimmtes und beschränktes ist?! Wer wollte aber daraus den Schluss ziehen, dass der Mensch überhaupt keine Kraft der Selbstbestimmung habe, sofern diese nur eine beschränkte sei?! Hat er darum keine Lebenskraft, weil er nicht ewig lebt? Hat er darum keine Muskelkraft, weil er mit seiner Hand nicht Berge versetzt? — So wird auch die Bestimmungskraft, die der Mensch seiner eignen Natur gegenüber besitzt, eine bestimmt bemessene Kraft sein. Prüfen wir die Richtigkeit dieser Annahme an der hierin allein entscheidenden Erfahrung. Wir gewinnen erklärlicherweise das Bewusstsein unsrer Willensfreiheit hauptsächlich in der Form unsrer Widerstandsfähigkeit gegen unsre Triebe. In diesem Kampfe gegen unsre Neigungen werden wir nun auch des schwächeren oder stärkeren Drängens derselben inne, uns in einer bestimmten Richtung zu entscheiden. Dies ist so gut Thatsache des Bewusstseins, wie die Willensfreiheit. Damit aber erhalten wir zugleich den Massstab dafür, wie weit wir frei, wie weit genötigt sind, d. h. für Grad und Art unsrer Widerstandsfähigkeit, den Trieben gegenüber, unsrer Entscheidungsfähigkeit. Also nicht, weil ich meine Nötigung nicht empfände, erscheine ich mir als frei, sondern dadurch, dass ich sogar den Grad und die Art dieser relativen Nötigung gewahr werde, erhalte ich den Massstab für Grad, Art und Schranke meiner Willensfreiheit.

Ist z. B. der Antrieb a stärker als der Antrieb b, und ich entscheide mich dennoch für letzteren und mache ihn damit zum Beweggrunde, so ist hiermit erwiesen, dass ich eine Kraft der Selbstbestimmung habe, welche genügt, um das Stärkeverhältnis beider Antriebe dahin umzukehren, dass der schwächere und nicht der stärkere sich auswirkt. Gesetzt, es verhalte sich $a:b = 2:1\frac{1}{2}$, und es gelingt mir, mich für Vollziehung von b zu entscheiden, so ist damit die Stärke der Entscheidungsfähigkeit als grösser als $\frac{1}{2}$ festgestellt. Sonst würde sie nicht imstande gewesen sein, sich für b gegen a zu entscheiden. Hätte ich aber in diesem Falle nicht meine ganze Willenskraft aufgeboten, so würde der Antrieb a gesiegt haben, weil das angewendete Gegengewicht zu schwach gewesen wäre. Meine Selbstbestimmungskraft gleicht also auf Grund aller Erfahrung einem ganz bestimmten Gewichte, welches ich in die eine oder andere Wagschale meiner streitenden Triebe, welche ebenfalls ein bestimmtes Gewicht haben, legen kann oder nicht. In diesem Legenkönnen liegt eben die eigentliche Willensfreiheit. Die natürliche Willenskraft jedes Menschen ist eine ganz bestimmte, bei verschiedenen Menschen verschiedene. Aber man kann dieselbe aufwenden oder nicht aufwenden und damit die Kraft seiner Selbstbestimmung, unmittelbar sich selbst als Wollendem gegenüber, mittelbar seiner Triebnatur, bethätigen oder nicht.

Entspricht die Auswirkung des Triebes b in dem bestimmten Falle meiner sittlichen Bestimmung, so empfinde ich zugleich durch das sittliche Gefühl die Auswirkung desselben als eine gesollte, widerstreitet a dieser Bestimmung, so fühle ich demgemäss die Unterdrückung desselben als meine Pflicht.

Aber nicht nur das Mass meiner Widerstandsfähigkeit nehme ich wahr, sondern auch den Widerstand, den ich thatsächlich leiste. Indem ich nun diesen an der Höhe meiner Widerstandsfähigkeit messe und zugleich die völlige Ausübung derselben als eine gesollte fühle, erhalte ich Anhalt und Massstab für den Wert meiner Handlung, bez. für die Höhe meiner Schuld, welche sich mir, infolge der grösseren oder geringeren Störung der Auswirkung meines Pflichttriebes, dem entsprechend als ein grösseres oder geringeres verschieden geartetes inneres Unbefriedigtseins unmittelbar fühlbar macht.

Die Schuld des Einzelnen aber reicht, die Erkenntnis des sittlichen Wertes vorausgesetzt, so weit als seine Willensfreiheit. Wie weit er diese im einzelnen Falle besitzt, wie weit also ein von ihm ausgehender Vorgang seine Handlung, und wenn böse, seine Schuld ist, dessen ist er sich zwar selbst mehr oder weniger bewusst, das genaue Mass der Schuld indessen kennt kein irdischer Richter unfehlbar, sondern höchstens mit einiger Wahrscheinlichkeit. Daher werden denn auch mit Recht für das Verbrechen, so weit möglich, mildernde Umstände in betracht gezogen.

Wie wir nun einerseits jedem Menschen ein gewisses Mass von Willensfreiheit von vorn herein zutrauen, so setzen wir doch andrerseits voraus, dass es auch bei ihm, wie wir es bei uns aus Erfahrung kennen, nur ein beschränktes sein wird. Ja selbst einen gewissen Missbrauch dieses Masses setzt man ganz unbefangen bei jedem voraus und nimmt an, dass selbst die Heiligen auf dieser Erde nicht ganz ohne Mängel sind. Es kann zwar, da die Erfahrung des Einzelnen niemals ganz strenge Schlüsse gestattet, von vorn herein die Möglichkeit nicht bestritten werden, dass es sündlose Menschen gibt, d. h. solche, die sich niemals gegen ihr sittliches Gefühl entschieden haben; aber wir schliessen von uns auf andre und glauben im wesentlichen auch in sittlicher Beziehung ungefähr aus demselben Teige gebacken zu sein als unsre Mitmenschen, die wir aber daher auch im Grunde für nicht viel besser, als uns selbst, halten. Und jeder von uns ist sich ja wohl bewusst, zuweilen gehandelt zu haben, wie er nicht sollte. Zwar hat er vielleicht nie das Böse um des Bösen willen, aus reiner Bosheit, gethan, wohl aber hat er sich durch böse Neigungen verführen, durch heftige Leidenschaften halb mit, halb wider Willen zu mancher That hinreissen lassen, die er bereut. Er selbst erklärt vielleicht seine That, um sie in etwas zu entschuldigen, aus einer Schwäche seiner Natur, und man wird ihm oft Recht geben müssen. Freilich hat er manche dieser verkehrten Triebe durch Gewöhnung erst erzeugt oder zum Übermass anwachsen lassen und so die seiner Bestimmung entsprechende Ordnung ihrer Auswirkung gestört und ihren Wert gefälscht. Aber wie ist auch manche Versuchung bei ihm sogleich auf so fruchtbaren Boden gefallen, wie war ihm manche Neigung schon über den Kopf gewachsen, ehe er noch zum vollen Bewusstsein ihrer sittlichen Tragweite gekommen war! Wenn wir mit offenen Augen in uns und um uns blicken, so glauben wir in der That zu bemerken, dass jeder Mensch seinen besonderen Hang zu dieser oder jener Sünde nicht nur gross gezogen, sondern schon mit auf die Welt gebracht hat und wir fühlen daher für manche unsrer bösen Neigungen nicht nur unsre sittliche Persönlichkeit, sondern auch unsre Natur, dass ich so sage, verantwortlich. Dass bestimmte Fähigkeiten und einseitig starke Triebe und Talente vom Vater auf den Sohn erben, ist nicht zu leugnen. Das ist aber nicht nur mit körperlicher und geistiger, z. B. künstlerischer Anlage und Begabung vielfach der Fall, sondern in gewissem Sinne, welcher nach dem Bisherigen nicht zweifelhaft sein kann, hat jeder auch in sittlicher Hinsicht schon von Natur seine starken und schwachen Seiten. Wie viel macht Manchem sein Blut und Temperament zu schaffen! Wie ist man durch seine körperliche Konstitution und die eigentümliche Beschaffenheit seiner Nerven, dieser Unterlage nicht nur für das Empfindungs- und Gefühls-, sondern auch für das Triebleben schon von Natur zu gewissen Neigungen, ja Leidenschaften und Sünden aufgelegt! Scheinen doch manche unglücklich angelegte Menschen selbst eine angeborne Willensschwäche, d. h. ein besonders geringes Mass der Willenskraft schon von Hause mitbekommen zu haben. Und wie schwer ist es oft, selbst dem sittlich erstarkten Willen, einen angebornen, verkehrten Hang der Natur auszurotten!

Solchen Thatsachen gegenüber wird der Unbefangene die schon Jahrtausende alte Lehre von einer ererbten sittlichen Schwäche der Menschen, die man „Erbsünde" zu nennen pflegt, in ihrer Bedeutung würdigen. Ja, wer nicht an die Möglichkeit einer Besserung der Einzelnen und des Menschengeschlechts glaubt, wird Horazens Beobachtung, dass die Menschen in jedem Menschenalter schlechter würden, zu einem allgemeinen Satz erweitern müssen. Wäre es möglich, dass dem Menschengeschlechte die Willensfreiheit völlig verloren ginge, indem es durch Vererbung dem „radikalen Bösen" verfiele, so wäre es selbst und jeder Einzelne sittlich unrettbar verloren. Denn ohne Willensfreiheit ist ja an keine Besserung zu denken.

Wenn also der Mensch auf die Welt kommt, hat er in diesem Sinne bereits auch eine sittliche Vergangenheit. Er ist nicht nur Fleisch vom Fleische, sondern auch Seele von der Seele, Geist vom Geiste, Wille vom Willen der Eltern. Doch dürfen wir uns hier mit diesen Andeutungen begnügen, zumal es in unsrer Zeit des Atavismus nicht mehr, wie in derjenigen des Rationalismus, modern ist, die körperliche und geistige Erbschaft der Generationen in Zweifel zu ziehen.

Dieser innerlich so von vorn herein durch sein natürliches

Mass, jetzt aber thatsächlich auch sittlich durch ererbte Schwäche beschränkte Wille ist nun, wie wir schon andeuteten, auch äusserlich, in bezug auf seinen Erfolg, von allen Seiten durch die Aussenwelt eingeschränkt. Denn er ist ja eben nur frei in Rücksicht der Entschliessung, aber nicht hinsichtlich der That. Denn diese ist durchaus bedingt durch den Weltlauf, welcher, wie die Erfahrung lehrt, so eingerichtet ist, dass der einzelne Wille zwar im Einzelnen manches umgestalten, bez. zerstören, aber doch im Ganzen keine bedeutende Änderung hervorbringen kann. Haben doch selbst ein Alexander und Bonaparte erfahren müssen, dass ihre Macht keine unbegrenzte sei. Nicht nur äussere Hindernisse, sondern vor allem die Macht andrer Willen weist selbst die grösste Willens- und Thatkraft des Einzelnen in ihre Schranken.

Also freilich gegen die überlegene Ordnung der ganzen, grossen, stofflichen und sittlichen Welt vermag der Wille der Einzelnen nicht viel. Muss doch selbst die Bosheit die Bosheit vernichten, und der gegenseitig sich bekämpfende Egoismus der Einzelnen, der ja fast niemals rein auftritt, sondern immer noch eine Mischung erbauender Kräfte neben sich hat, womöglich selbst dazu beitragen, ein sinnlich und sittlich erträgliches Dasein zu schaffen. Und doch ist das „bischen Willensfreiheit", (wie Dreher sich ausdrückt,[22]) der Einschlag im Gewebe der Geschichte (was ich hier nur andeuten kann). Und doch ist das „bischen Willensfreiheit" dasjenige, ohne welches, wie wir sahen, alles menschliche Leben als solches keinen Boden hat.

Freilich ist die Willensfreiheit doch nur die formelle Bedingung der Möglichkeit eines menschenwürdigen Daseins. Es kommt darauf an, mit welchem Inhalte diese Form erfüllt wird.

Machte sich dem Menschen keine sittliche Bestimmung als solche fühlbar, so würde er niemals in die Lage kommen, sich selbst zu bestimmen, sondern stets nur Veranlassung haben, sich durch den stärksten Trieb bestimmen zu lassen. Eine Selbstbestimmungsfähigkeit würde also, selbst wenn sie noch möglich wäre, in diesem Falle ganz zwecklos sein. Denn sie würde niemals zur Ausübung gelangen, sofern erst eine sittliche Bestimmung die Regelung der Triebe nach einer Richtschnur, welche ausser ihnen liegt, verlangen kann. Da nun das Sollen, dessen wir im sittlichen Gefühle inne werden, thatsächlich nur unserm Wollen als solchem gilt, so kann offenbar die „Bestimmung" des Menschen nur ein solche sein, welche er als Wollender verwirklichen kann und soll. Dies aber kann widerum nur eine Beschaffenheit des Willens selbst sein. Da nun die Form des Wollens als solche überall die gleiche ist — es ist eben ein Sich-entscheiden — so kann diese Willensbeschaffenheit nur in der bestimmten Art der Selbstbestimmung liegen, welche als verbindliche empfunden wird. Also eine für den Willen als solchen allgemein verbindliche, ideale Art zu wollen ist es, welche allein sich in der Empfindung des Sollens bei Gelegenheit der einzelnen Willensakte geltend machen kann, wenn wir uns das Wesen und den thatsächlichen Inhalt dieser Empfindung zum Bewusstsein bringen.

Wenn wir nun fragen, was für eine Art zu wollen sich als eine allgemein verbindliche, höchst wertvolle, des Menschen Bestimmung erfüllende, in dieser Empfindung darstellt — so ist es: die Liebe, die Richtung selbstaufopfernder Hingabe an die Gemeinschaft. Bei allen Willensakten, welche ihr mehr oder weniger entspringen, beziehentlich zu denen sich der wollende Mensch durch die Liebe bewegen lässt, fühlt er mehr oder weniger den tiefsten Trieb seines Wesens als Persönlichkeit befriedigt.

Damit haben wir die Bestimmung unsres Wesens zum Lieben erkannt. Das Gefühl, das jenen Handlungen und Willensakten entspricht, welchen diese Richtung innewohnt, ist eben das Gefühl der erfüllten Bestimmung, der inneren Harmonie zwischen Sein und Sollen. Wenn wir diesen inneren Frieden als den beständigen Begleiter einer vollkommenen Willensbeschaffenheit denken, so nennen wir ihn Seligkeit.

Fragen wir nun, in welcher Form sich eigentlich in diesem Gefühle des Sollens die eigne Bestimmung fühlbar macht und allein fühlbar machen kann, so ist es die eines inneren Dranges, eines Triebes zum vollkommenen Wollen. Ein Trieb kann aber nichts andres, als ein sich äusserndes Bedürfnis, eine sich äussernde Fähigkeit sein. So macht sich uns hier in diesem Bestimmungstriebe die sich äussernde Anlage auf vollkommenes Wollen, und zwar näher als eine solche geltend, welche wir durch Selbstbestimmung, durch Wollen, selbst verwirklichen sollen. Durch welche Art des Wollens allein wir dies können, fanden wir schon, nämlich nur durch Willensakte, welche dem Ideal, dem Liebeswillen, entsprechen, der das eigne Glück im Glück des andern sucht. Diese vollkommene Beschaffenheit des Willens ist also zwar eine der Anlage nach mögliche, aber noch nicht wirkliche, vielmehr erst durch den Willen selbst zu verwirklichende, zu welcher er sich selbst bestimmen soll, d. h. kann, aber auch nicht kann. Sie kann nur verwirklicht werden durch beständige Richtung nach jenem Liebeswillen, welcher sich als gesollte Beschaffenheit, als Ideal, im Gefühle des Sollens geltend macht, und damit zugleich als ein noch nicht erreichtes und nicht von selbst durch die sinnlichen und geistigen Triebe erreichbares Ziel des Menschen.

So ist denn diese ideale Form des Willens zwar in der That als eine Anlage im menschlichen Willen vorhanden, muss aber als eine Willensform, welche zugleich die allgemeine Regel ist, wonach sich alle Willen erst bestimmen sollen, an sich auch über und ausser denselben eine Existenz haben. Denn eine Willensform, welche zugleich regelnd auf jeden menschlichen Willen wirkt, ist nur denkbar als einem wirklichen, auf jeden menschlichen Willen einwirkenden Willen angehörig.

Dieser allgemeine Wille kann aber gemäss seiner uns bekannten Richtung nur der des Guten sein, welcher wiederum nur als Selbstbestimmung eines das Gute wollenden Geistes denkbar ist. So werden wir in der That auch hier auf jenen göttlichen Willen des Guten geführt, von dessen „Leben" und Beständigkeit der Dichter überzeugt ist, „wie sehr auch der menschliche wanke".

Also Gottes Wille des Guten selbst macht sich uns im Gefühle des Sollens geltend, gleich sehr als eigne Anlage unsres Willens und doch über ihm erhaben. Durch Wesenseinigung des menschlichen Willens mit dem göttlichen gewinnt eben jener erst seinen realen Liebesinhalt, seine göttliche Erfüllung, und so kommen wir hier auf jenen Punkt zurück, wo wir als Zweck der Gabe der Willensfreiheit vermuten durften, dass dieselbe die anerschaffene, göttliche Form wäre, durch welche wir allein des göttlichen Wesens, der Liebe selbst, teilhaftig werden können.

Jedoch legen wir auf diese Ausführung des Hauptgedankens im Einzelnen weniger Gewicht. Diesen selbst aber halten wir fest: dass das Dasein einer durchaus berechtigten Handlungsweise, einer idealen Form des menschlichen Wollens, die einzig mögliche Veranlassung ist für die Äusserung der als Thatsache erwiesenen Selbstbestimmungsfähigkeit des Menschen.

So kommt uns denn auf Grund der Empfindung dieser Selbstbestimmungsanlage, deren Ausübung sich zugleich für das sittliche Gefühl als eine gesollte äussert, die Pflicht zum Bewusstsein, unsern Willen in allen seinen Äusserungen nach diesem als für ihn allgemeingiltig erkannten Ideal des Liebeswillens zu richten. Damit treten wir an die Aufgabe heran, welche uns durch die Gabe der Willensfreiheit geworden ist, die durch ihren Zweck für den Einzelnen und die Gesamtheit bestimmt wird, nämlich: die Gründung des Reiches der Sittlichkeit. Wir beginnen naturgemäss mit seiner Verwirklichung im einzelnen Menschen, um dann kurz anzudeuten, wie es, von der Versittlichung der Einzelnen ausgehend, fähig und bestimmt ist, auch alle äusseren Formen und Gestaltungen des menschlichen Lebens zu durchdringen.

Die der Willensfreiheit gestellte individuelle und allgemeine Aufgabe:

Die Gründung des Reiches der Sittlichkeit.

Die Form des Entwicklungsganges, welchen die Willensfreiheit des Einzelnen nehmen muss, um zunächst ihrer individuellen Aufgabe zu genügen: den Menschen zur vollkommenen, sittlichen Persönlichkeit auszubilden, ist sachgemäss durch das eigentümliche Wesen der Willensfreiheit selber bestimmt. Sie ist eben von vorn herein nichts Fertiges, sondern vorerst nur eine der Entwicklung fähige und bedürftige Anlage. Aber in der Möglichkeit, uns mittelst der einzelnen Willensakte für die eine oder andre Seite unsrer Natur zu entscheiden und sie so zur durchschlagenden zu machen, liegt die Fähigkeit unsrer eigentlichen „Selbstbestimmung" begründet. Indem wir nämlich durch jeden neuen Willensakt unsrer Willensbeschaffenheit eine neue Bestimmung geben, gewöhnen wir durch eine Folge von Willensakten in derselben bestimmten Richtung unsre eigne Willensnatur, in dieser Richtung zu wollen, und sind so imstande, sie selbst, wenn auch nicht unbedingt, mit zu bestimmen und weiter zu bilden. Denn jede Gewohnheit wirkt naturgemäss als Trieb, als neue, erworbene Naturanlage, als zweite Natur. So entwickelt sich unser Wille in verschiedenartiger Richtung, je nachdem wir es vorziehen, die eine oder andre Art der Antriebe zu unsren vorwiegenden Beweggründen zu machen. Je gleichartiger aber und je beständiger der Wille auf Beweggründe einer bestimmten Gattung reagiert, desto mehr verfestigt sich die Richtung desselben, desto fester und weniger in einer ihr widerstreitenden Richtung bestimmbar wird das Gepräge seiner Beschaffenheit. Daher ist der Mensch einer bestimmten Neigung gegenüber niemals wieder ganz so frei, wie bei der vorhergehenden Entscheidung, sondern entweder freier oder unfreier. Denn nicht nur die Neigungsgewöhnungen, die man sich selbst zulässt oder neu stiftet, sondern auch die Willensgewöhnungen wirken als neue Triebe, und aus den Willensgewohnheiten bildet sich allmählig der Charakter,[24]) als die bestimmt ausgeprägte, auf Grund der natürlichen Willensanlage durch Selbstbestimmung erworbene („zweite") Willensnatur. So schafft sich denn der Mensch durch eignes Verdienst und eigne Schuld selbst seine sittliche Vergangenheit im guten und schlimmen Sinne.

Sofern wir nun zwar, wie die Erfahrung lehrt, manches nicht ausschliesslich aus Selbstsucht, sondern auch zum Teil aus selbstloser Liebe thun, andrerseits aber bei vielen Willensakten, ja vielleicht bei jedem, auch mit infolge der ererbten sittlichen Schwäche, vorwiegend die Selbstsucht in den verschiedensten Formen der Beweggrund unsrer Entschlüsse ist, kann die individuelle Aufgabe der Willensfreiheit: die Ausbildung einer vollkommenen, sittlichen Persönlichkeit, die Entwicklung eines guten Charakters, und somit der Verwirklichung der individuellen menschlichen Bestimmung nur lösbar sein durch eine Änderung der thatsächlichen Beschaffenheit unsres Willens, der ganzen Richtung des wollenden Geistes vom Selbstgenuss ab auf das Gute, die Liebe hin. Und doch kann auch dieser Wandel der Willensrichtung, der Gesinnung selbst, nur ausgehen von dem eignen freien Entschlusse des Menschen.

Es liegt aber in der Natur der Sache, dass der Mensch sich nicht mit der Richtung vereinzelter Willensakte auf jenes Ziel hin begnügen darf, wenn die Änderung der Willensrichtung eine völlige und beständige werden soll. Die guten Vorsätze dürfen nicht zerstreute bleiben, sondern müssen unter Entschlüsse ein für alle Mal, unter Grundsätze, befasst werden, welche sich als die praktische Anwendung der Hauptmaxime auf alle Verhältnisse des Lebens darzustellen haben, nämlich des festen Entschlusses der

Bekehrung: ein für alle Mal das gut Erkannte zu wollen. Ohne diesen Grundwillen wird es nur zu grundsatzlosem Hin- und Herschwanken zwischen dem Guten und Bösen, aber nicht zu energischer Sinnesänderung kommen können. Den Inhalt aber jener allgemeinen Grundsätze für die verschiedenen Gebiete des Lebens werden offenbar diejenigen Arten des Wollens und Verhaltens bilden, von denen der Einzelne erkannt hat, dass sie der wahren Liebe als seiner Bestimmung, in ihrer Beziehung auf die konkreten Lebensformen, entsprechen. Solcher Grundsatz, wonach er seine bestimmten, sittlichen Verhältnisse regeln wird, würde z. B. sein: einer ihm gefährlichen, bestimmten Leidenschaft unbedingt zu widerstehen, sie also innerlich zu bekämpfen und ihrer Entstehung die äusseren Veranlassungen abzuschneiden u. dgl. Diesem Grundsatze gemäss wird das Individuum dann seine Vorsätze für den einzelnen, wirklichen Fall leichter und schneller bilden lernen, so dass sich daraus allmählich die Gewohnheit sittlichen Wollens und Handelns und in der Folge der wahrhaft gute Charakter entwickelt.

Ob indess für eine völlige Sinnesänderung das beim Einzelnen eben vorhandene Mass der Willensfreiheit immer oder überhaupt genügt, ist eine Frage, deren unbedingter Bejahung die Erfahrung zu widersprechen scheint.

Es kann demnach jede Besserung des Menschen nur von seinem eignen Entschlusse ausgehen. Aber auch andre können die Antriebe, welche geeignet sind, zu Entschlüssen bestimmter Art, auch zu guten, zu bewegen. in möglichster Fülle und Stärke darbieten und so reiche Veranlassung zu guten Entschlüssen und Willensgewöhnungen geben — wobei freilich die letzte, eigentliche Entscheidung immer dem freien Willen des Betreffenden verbleibt.

Die Erziehung ist es nun, welche dem Menschen alle jene Veranlassungen in derjenigen Form und Ordnung übermittelt, in welcher sie am geeignetsten erscheinen für den Zweck der Ausbildung zu wahrem Menschentum, d. h. zur Entwicklung einer wahrhaft menschlichen, daher charaktervollen und charakteristischen, sittlichen Persönlichkeit (bezw. wahrer Besserung). Demnach kann alle Erziehung eigentlich nur eine Veranlassung zur Selbsterziehung sein, worauf Ulrici schon mit Recht hingewiesen hat, und die Erziehung im engeren Sinne ist von der freieren Erziehung durch das spätere Leben nicht wesentlich verschieden. Wer nicht zuletzt sich selbst in seine Erziehung und Zucht nimmt, wird weder jemals erzogen, noch eine sittliche Persönlichkeit oder ein Charakter werden, sondern unerzogen, ungezogen und charakterlos bleiben.

Es hat also danach die sogenannte Erziehung im engeren Sinne, als eine Anleitung zur Selbsterziehung, die Aufgabe, diese anzubahnen, in richtige Bahnen zu lenken und darin zu erhalten, soweit dies äusseren Mitteln möglich ist, die ja eben im Grunde nur veranlassen, aber nicht bewirken können. Die negative Seite aber dieses Erziehungsmittels der Gewöhnung wird die Verhütung und Abgewöhnung böser Neigungen und Gewohnheiten sein.

Die Erziehung,[25]) als eine Bildung zu wahrer Menschlichkeit, kann eben nur erreicht werden durch die Ausbildung der menschlichen Fähigkeiten überhaupt.[26]) Sofern sich diese Ausbildung bei dem mit Willensfreiheit begabten und daher zur Mitarbeit an seiner eignen Entwicklung berufenen Menschen nicht nur von selbst vollzieht, muss sie sachgemäss nach der Stellung bemessen werden, welche die einzelnen Fähigkeiten des Menschen als Mittel zur Erreichung des Erziehungszweckes einnehmen. Je wichtiger ein Vermögen für diesen Zweck ist, je mehr bedarf es der Ausbildung; am meisten also dasjenige, welches, dem Wesen des Menschen gemäss, die herrschende Stellung einzunehmen berufen ist: der Wille.

Der Mittelpunkt der Erziehung muss demnach die Charakterbildung sein. Und zwar wird diese zunächst nach ihrer formalen Seite zu bestehen haben in der Stärkung der Willensenergie überhaupt. Diese wird erreicht (oder doch anzustreben sein) durch Halten auf ein kräftiges, konsequentes Entschliessen, durch die Gewöhnung an schnelle Entschlossenheit, an strenge Beherrschung den Trieben gegenüber, an ein grundsätzliches Wollen und Handeln und durch die Einübung schneller und kräftiger Ausführung der Entschlüsse.

Aber nicht allein auf die Ausbildung der Willensenergie überhaupt kommt es an, — denn diese kann ja, wie jedes andre Vermögen, auch dem Schlechten dienstbar werden — sondern darauf, dass derselben vor allem die rechte Richtung gegeben werde: auf die Entwicklung einer sittlichen Energie. Was der Erzieher nun dazu thun kann, ist die Erregung möglichst reiner und kräftiger sittlicher Antriebe, die Verbannung und Schwächung der gegenteiligen und die Gewöhnung daran, ihnen zu folgen. Die Hauptsache ist, dass der Zögling das Gute und Schöne kennen und lieben lerne. Dazu muss ihm möglichst Veranlassung geboten werden. Das wirksamste Mittel, ihm die Liebe zum Guten nahe zu legen und ihn an dasselbe zu gewöhnen, bleibt das gute Beispiel, und zwar womöglich verkörpert in der Person des Erziehers selbst. Das Gute wird am kräftigsten durch eine von ihm erfüllte, daher Liebe ausströmende Persönlichkeit in das Herz des Menschen hineingezeugt. Liebe weckt Liebe. Den Guten liebt man eher als das Gute, und auch dies am ehesten, wenn es im guten Menschen verleiblicht ist, ja um seinetwillen. An der Begeisterung für die ideale Persönlichkeit entbrennt am leichtesten die Liebe zum Guten selbst. Hieraus ergibt sich der mächtige Einfluss einer guten Mutter auf die Erziehung; hieraus, dass die Liebe zu Christo als dem idealen Menschen das wirksamste Mittel zur Vergöttlichung des menschlichen Willens bildet, also im höchsten Sinne pädagogisch wirkt.

Da ferner jeder wahrhaft sittliche Entschluss und gar sittliche Grundsätze: richtige sittliche Urteile voraussetzen, so leuchtet ein, wie wichtig die gute Ausbildung der sittlichen Urteilsfähigkeit ist, als notwendiger Vorbedingung für die Möglichkeit der richtigen Erwägung und demnach der richtigen, sicheren Entscheidung im einzelnen Falle. Auch hier gilt es, an Gewissenhaftigkeit und Genauigkeit der Erwägung zumal sittlicher Verhältnisse zu gewöhnen. Um aber richtig über sittliche Verhältnisse urteilen zu können, muss man sie kennen. Es ist daher die möglichst umfassende Ausbildung und Klärung der sittlichen Einsicht, zumal in bezug auf diejenigen Verhältnisse des Lebens erforderlich, in welchen sich der Zögling zu bewegen hat oder haben wird. Damit hängt die Notwendigkeit zusammen, das geistige Streben auf hohe, menschenwürdige Ziele zu richten, die, wenigstens innere, Teilnahme für alle sittlichen Aufgaben und wahrhaft menschlichen Interessen des Lebens der Gesamtheit und des Einzelnen zu wecken, zur treuen Mitarbeit daran im eignen Berufe anzuleiten u. dgl. Die Empfindlichkeit des Gefühls für sittliche Werte muss gesteigert, das Gemüt für Ideale erwärmt, die Einbildungskraft zu ihrer Ausgestaltung und Nachbildung angeregt, das Erkenntnisvermögen gestärkt, gehoben und auf würdige Gegenstände gelenkt werden.

Genug: das Ideal einer wahrhaft menschlichen Erziehung kann nur dadurch erreicht oder doch erfolgreich angestrebt werden, dass alle Vermögen, geistiger und körperlicher Art, je nach ihrer Bedeutung für das Ziel der Erziehung, ausgebildet und in den Dienst eines sittlichen Willens gestellt werden. — Weiter auf diesen Punkt einzugehen, würde die Sache einer Pädagogik sein, während ich mich mit diesen Andeutungen begnügen darf, deren einziger Zweck ist, auf die Bedeutung der Willensbildung für die Erziehung wenigstens mit einigen Worten hinzuweisen.

Wir sahen, wie sich die Sittlichkeit vermittelst der Willensfreiheit im einzelnen Menschen verwirklichte. Wir wollen nun noch kurz einen Blick darauf werfen, wie sich auf dieser Grundlage das objektive Reich der Sittlichkeit gründet.

Die erste wie auch jede spätere Wendung zum Guten musste vom innersten Kern des einzelnen Menschen ausgehen. Diese Auffassung wird auch als die echt christliche durch die Worte der Schrift bezeugt: „Das Reich Gottes ist inwendig in euch". Die Sittlichkeit konnte ja ihrer Natur nach nur in den Herzen der Menschen selbst verwirklicht werden; denn sie war eine Willensbeschaffenheit. „Nimm die Gottheit auf in deinen Willen, und sie steigt von ihrem Weltenthron!" sagt der Dichter mit Recht.

Aber auch die Verwirklichung der Sittlichkeit im Einzelnen konnte doch nur im Verhältnis desselben zu seinen Nebenmenschen, zur menschlichen Gesellschaft, geschichtlich gefasst: zur Menschheit, vor sich gehen. Ohne diese Beziehung zur Gemeinschaft würde seine Sittlichkeit fast ohne irdischen Bereich, in welchem sie in die Erscheinung treten, sich bethätigen und entwickeln könnte, ja fast ohne Anfang sein. Der Mensch ist ein durchaus geselliges Wesen. Er wird schon in die Gemeinschaft der Familie hineingeboren, die der natürliche Boden und das Urbild für jede Form gemeinsamen, sittlichen Lebens ist. Er ist von vorn herein, seinem innerlichen Wesen nach, auf die Gemeinschaft angelegt und wird daher zum Menschen, d. h. zu einem, der es nicht nur seiner Anlage nach, sondern in Wirklichkeit ist, nur in der Gemeinschaft. Wie sollte er seine höchste, seine sittliche, göttliche Bestimmung anders erfüllen, ja nur berühren können, als in der Wechselwirkung mit den ihm gleichgeschaffenen Ebenbildern, seinen Brüdern?! Ist ihnen doch dieselbe Bestimmung als ihm eingepflanzt, in wechselseitiger, innigster Beziehung der Liebe sich zur höchsten, sittlichen Einheit der Liebesgemeinschaft zu verbinden. So erkennt denn auch die Menschheit in ihren besten Vertretern immer mehr ihre gemeinschaftliche Bestimmung: vereint in gemeinsamer und daher geteilter Arbeit um alle Lebensgüter zu ringen und schon das irdische Glück immer vollkommener nur in der Gemeinschaft und durch sie zu erlangen.

Nicht anders steht es um die Gewinnung der höchsten, sittlichen Güter. Nur gemeinsam können alle Hindernisse beseitigt werden, welche der Entwicklung sittlicher Persönlichkeiten hindernd im Wege stehen, nur gemeinsam alle Förderungsmittel dieser Entwicklung gewonnen werden. Die Gemeinschaft nur kann diejenigen äusseren Veranstaltungen treffen, welche jedem die ihm für sie gebührende Arbeit, und so mit dem ihm entsprechenden Berufe das umfassendste, positive Erziehungsmittel zuerteilen. Bildet doch der Beruf, die geordnete Arbeit für die Gemeinschaft, die Hauptunterlage, von welcher aus der Einzelne in seinem Kreise Liebe üben, und an welcher er sich zum sittlichen Menschen entwickeln kann.

Wenn aber schon diese engsten Kreise, in denen sich der Mensch in geordneter Weise zu der Gewohnheit einer Thätigkeit emporarbeitet, welche seine eigne und die gemeinsame Bestimmung fördert, wesentlich durch die Gemeinschaft, zumal durch die Ziele bestimmt werden, welche dieselbe sich steckt — wie viel mehr sind die umfassenden sittlichen Kreise des Staates, der Kirche, der Schule u. s. w., ohne welche kein geordnetes, wahrhaft menschenwürdiges Dasein gedacht werden kann, in ihrer Existenz, in ihrer äusseren und inneren Ordnung, in ihren Zielen und deren Durchführung und so in ihrer ganzen sittlichen Bedeutung für den Einzelnen und die Gesamtheit durchaus abhängig von dem Leben, den Zuständen, den Anschauungen und Bestrebungen, den Neigungen und Zielen, vor allem von der allgemeinen sittlichen Beschaffenheit und dem Geiste eben dieser Gesamtheit, welche in ihren Hauptvertretern und Vorkämpfern am massgeblichsten und einflussreichsten in die Erscheinung tritt! Es wäre etwas ganz Abnormes, wenn in einem unordentlichen, unsittlichen Leben der grossen Gemeinschaft die Sittlichkeit des Einzelnen sollte gedeihen, d. h. der Einzelne seine höchste Bestimmung sollte erfüllen können.

Es ergibt sich demnach nicht nur aus dem Prinzip der Liebe, in welchem, wie wir fanden, die Bestimmung des Menschen liegt, der gemäss er sein Glück nur in dem Glücke des andern finden soll, sondern auch aus den Bedingungen, unter denen sich allein seine Anlagen überhaupt, zumal seine höchsten, sittlichen, entwickeln können: dass das höchste Ziel auch des einzelnen Menschen nur als ein solches, welches zugleich das der Menschheit ist, erreicht werden kann. Die Gemeinschaft der Heiligen in der Liebe ist offenbar das Ideal der Entwicklungsgeschichte der Menschheit.

Wie also einerseits das Reich des Guten sich nur aus dem Innern der Menschenherzen heraus, durch vollendete Heiligung des Willens der Einzelnen, erbauen kann, so kann andrerseits der Einzelne zur Vollkommenheit seines Willens nur in der Gemeinschaft seiner Mitmenschen ausreifen. Wie die Bestimmung der Menschheit nur mit der Bestimmung ihrer Glieder erfüllt wird, so ist das höchste Ziel des Einzelnen nur in und mit dem Ziele der Gesamtheit erreichbar. Wer seinen Willen nicht gegen die Erkenntnis verstockt, welche sich der ehrlichen Selbstbeobachtung aufdrängt, dass das an sich Wertvolle, Gute, die Liebe ist, und dass diese durch den Willen verwirklicht werden soll, der wird, von dieser innerlich erfahrenen Grundthatsache aus, auf rein wissenschaftlichem Wege zu der Anerkennung geführt, dass die Bestimmung des Menschen und der Menschheit die Verwirklichung des Reiches des Guten durch Willensfreiheit ist.

Damit erwächst dem Einzelnen seine menschheitliche Aufgabe, die sich für ihn zunächst spezieller als ein nationaler Beruf darstellt, mitzuarbeiten an der Versittlichung aller Kreise des nationalen Lebens durch tiefe und weite Durchdringung desselben mit sittlichen Ideen, durch Schöpfung von Mitteln, Einrichtungen und Anstalten, welche auf Veredelung und wahre Menschenbildung abzielen, kurz: durch Schutz und Förderung der nationalen Sittlichkeit auf jede Weise, als des höchsten nationalen Zieles, von dessen Erreichung auch zum grössten Teile die äussere Wohlfahrt und Macht des Volkes abhängt. Zu diesem Zwecke gilt es vor allem, die sittlichen Bedürfnisse des Volkes selbst wach zu rufen und rege zu erhalten, auf Grund deren allein dauernde, der Sittlichkeit förderliche Institutionen geschaffen und bewahrt werden können. Dazu ist erforderlich, dass der Glaube im Volke belebt werde, insofern dieser der kräftigste Hebel seiner Sittlichkeit ist. Mit dem durchdringenden Blicke der Liebe und Weisheit erkannte unser Kaiser den Grund der sittlichen Schäden, deren Symptom der Mordanfall auf ihn war, als er jenen hohen Staatsbeamten ermahnte, dahin zu wirken, dass unserm Volke die Religion erhalten bleibe.

Das Reich des Guten aber ist für den Gläubigen nichts andres, als das letzte Ziel der Wege Gottes für die Geschichte der Menschheit: das Reich Gottes, dessen König, Gott, alles in allem ist, weil nur sein Wille in ihm geschieht, dessen Glieder die vollendeten Heiligen sind, deren Wille gänzlich mit dem göttlichen eins geworden ist. Diese Einigung kann aber, nach der Erfahrung des Christen, auch der Selbstbestimmungsfähigkeit des Menschen nur dann gelingen, wenn er in dieselbe mit ganzem Willen die Liebeskraft Gottes aufnimmt, wie sie in dem erschienen ist, dessen „Speise es war", den Willen seines Vaters zu thun. Denn nur, wen der Sohn frei macht, der ist recht frei.

Die Willensfreiheit ist eben eine der Entwicklung bedürftige Fähigkeit, welche Gott dem Menschen verlieh, um ihn mittelst derselben mit seinem seligen Liebeswesen zu erfüllen, dass endlich der Mensch nicht mehr frei wäre, auch das Böse zu wollen, sondern dass es ihm zur sittlichen Notwendigkeit würde, nur das Gute zu wollen, wie Gott nur das Gute wollen kann. So ahnen wir als letzten Zweck der Freiheit des menschlichen Willens: göttliche Freiheit, welche göttliche Notwendigkeit ist. Aber der Weg zu dieser führt für den Menschen durch die Freiheit des Willens.

Anmerkungen.

1) Schopenhauer, v. Hartmann u. a.
2) Ein jedes Vermögen bedarf von Natur zu seinem Bestehen, zu seiner Erhaltung der Bethätigung. Der Trieb als Äusserung des bethätigungsbedürftigen Vermögens drängt auf seine Auswirkung. Die Befriedigung des jedem Triebe zu Grunde liegenden Bedürfnisses ist also das Ziel des Triebes, die Auswirkung des letzteren ist das Mittel zur Befriedigung des Bedürfnisses. So bringt die Auswirkung selbst die ihr eigentümliche Befriedigung mit sich. Die völlige Auswirkung führt naturgemäss die völlige Befriedigung herbei, so die des Nahrungstriebes durch das Zusichnehmen der Nahrung. Die körperlichen Bewegungstriebe wirken sich natürlich als solche unmittelbar durch Zusammenziehung der betreffenden Muskeln aus. Die andern können dies nur mittelbar. Diese treiben dann zugleich mittelbar dazu, sich des Gegenstandes zu bemächtigen, an welchem, die Handlung zu vollziehen, mittelst deren der Trieb sich auswirken, das Bedürfnis befriedigt werden kann. So treibt der Nahrungstrieb zum Ergreifen der Nahrung, die Ruhmbegierde zur Vollziehung der Handlungen, welche sich zur Befriedigung des zu Grunde liegenden Bedürfnisses darbieten, der geistige Bildungstrieb, wenn er dem Menschen zum Bewusstsein gekommen ist, zu Studien und Forschungen als geeigneter Mittel zur Befriedigung des zu Grunde liegenden Bildungsbedürfnisses, der Mitteilungstrieb dessen, wovon das ganze Herz des Urmenschen erfüllt ist, zur Schöpfung der Sprache, als des ursprünglichsten Dichtwerkes (wie ich in meiner Dissertation „Der Ursprung der Sprache aus dem poetischen Triebe" Halle 1875, nachzuweisen mich bemüht habe). Insofern nun die Vermögen verschiedenartig gestaltete Seiten des Grundvermögens eines Beseelten: zu leben, sind, kann man von einem allgemeinen Lebens- oder Selbsterhaltungstriebe reden, dessen besondere Seiten die einzelnen Triebe sind. Solche Triebe können nun, wie wir schon andeuteten, verschiedene Gestalten annehmen. Die Strebung ist ein suchender Trieb, welcher die Seele schon bestimmter auf ihr Ziel hintreibt. Die Begierde enthält ein starkes, anhaltendes Streben in der Richtung auf einen ganz bestimmten Gegenstand. Die Leidenschaft schliesst ein heftiges und gewaltsames Streben in sich und steigert sich in ihrer übertriebensten und überspanntesten Form zur Sucht, der krankhaften, gewohnheitsmässig gewordenen leidenschaftlichen Begierde, wie Trunksucht, Habsucht, Ehrsucht, Gefallsucht u. s. w. Wunsch scheint diejenige Strebung

zu heissen, deren Verwirklichung nicht ganz oder gar nicht von uns selbst, sondern von verschiedenen Umständen abhängt. Diese Triebe in ihren verschiedenen Formen bieten also erst den Stoff, die Möglichkeit, beziehentlich die Veranlassung einer Willensentscheidung dar.

3) Der Weg vom Triebe bis zum Entscheidungsakte ist dann kurz dieser. Ist die Seele des Triebes inne geworden und stellt ihn infolge dessen mit Bewusstsein vor, so ist demnach der Inhalt dieser Vorstellung: der auf seine Auswirkung drängende Trieb. Somit wird nicht nur der Trieb, sondern auch sein Ziel, seine Befriedigung, als eine herbeizuführen erstrebte, daher an sich mögliche, — denn nur nach Möglichem strebt der Trieb von Natur, deren Ausdruck er ist — vorgestellt.

Sind dann auch die Vorstellungen der Befriedigungsmittel und -objekte, der die Auswirkung des Triebes ermöglichenden, vermittelnden Dinge und Handlungen, von der Seele gebildet, sind möglich erscheinende Hindernisse und Folgen der Auswirkung, und was dahin gehört, unter Begleitung, beziehentlich Vorstellung der hierher gehörigen Gefühle vorgestellt, dann sind die Bedingungen für das Festhalten dieser Vorstellungen zum Zweck der die Vorstellungen auf einander und das Ich beziehenden Erwägung, für die Abschätzung und Zubilligung der den einzelnen Gegenständen und Handlungen in ihrem Verhältnis zum Leben des Ichs zukommenden Werte vorhanden; und es ist nun in dieser Gestalt der erwogene und nach dem Werte seiner Auswirkung beurteilte Trieb ein Antrieb für den wollenden Geist geworden, sich zu entscheiden. Entscheidet sich dieser für seine Auswirkung, so wird damit der Antrieb zum Beweggrund, und der die Befriedigung des Bedürfnisses vermittelnde Vorgang der mittelbaren oder unmittelbaren Triebauswirkung wird dann, falls keine äusseren, beziehentlich körperlichen Hindernisse im Wege stehen, zur That. — Die weitere Ausführung bleibt der späteren, begründenden Darlegung vorbehalten.

4) Und zwar ist derjenige, der gar nichts von diesen seelischkörperlichen Vorgängen versteht, ihrer nicht weniger mächtig als der, welcher die Kette der vermittelnden seelischen Glieder bis auf das letzte kennt, das dann das erste körperliche zur Wirksamkeit veranlasst, und wiederum die nun folgende Reihe körperlicher Vorgänge, deren Endglied die That ist. Wie man das macht, dass man einen Finger hoch hebt, weiss selbst der Gelehrteste nicht, wenn er auch alle Glieder der Wirkungsreihe herzählen kann. Aber wenn man's auch nicht weiss, kann man's doch machen.

5) Zitiert nach der Übersetzung Heinrich Lang's in seinem „Martin Luther, ein religiöses Charakterbild". Reimer Berlin 1880.

6) a. a. O. 81, S. 29.

7) So sagt Dreher wörtlich a. a. O. 81, I., S. 29.

8) Die Inkonsequenz Augustins, dem Menschen daneben die Fähigkeit zur bürgerlichen Rechtschaffenheit zuzuerkennen, bezeugt, dass ihn die Lebenserfahrung zur, wenn auch widerwilligen Anerkennung des richtigen Sachverhältnisses zwang.

9) Zu den Pantheisten, welche sich gern eine Art Religion, dem Weltall gegenüber, reservieren möchten, gehören in neuerer Zeit z. B. einige Hauptvertreter des „neuen Glaubens", allen voran sein

Gründer, der bekannte Bibelkritiker und Verfasser des Lebens Jesu, ferner Vischer u. a.

10) Die modernen philosophischen Vertreter dieser pessimistischen Ansicht sind bekanntlich besonders Schopenhauer und E. von Hartmann.

11) Diese Folgerung zieht auch Schopenhauer, indem er aus der Unfreiheit der einzelnen Willensakte, welche er bewiesen zu haben meint, die Unmöglichkeit des Daseins Gottes auf diesem moralischen Wege darzuthun sucht.

12) Eigentlich darf man dann freilich nicht mehr vom „Bösen" reden. Aber die Sache besteht doch, wenn auch unter verändertem Namen, fort.

13) So fasst im wesentlichen Herbart und seine Schule die Stellung der Erziehung zum Willen der Einzelnen auf.

14) Mit diesem Vergleiche verspottete ein geistreicher Mann die Herrschaft des Zufalls in bezug auf die Schöpfung.

15) Der geschickte Vorkämpfer für diese Ansicht ist in neuerer Zeit Schopenhauer in seiner gekrönten Preisschrift „Über die Freiheit des menschlichen Willens" 1839.

16) So nennt Dreher (a. a. O. Ulr. Zschr. f. Ph. 79, II., Seite 211) die Freiheit „ein etwas Unursächliches". Ferner nennt er den freien Willen „nicht genügend motiviert", „bis zu einem gewissen Grade etwas Ohnursächliches" (a. a. O. 81, I. 24).

17) Diesen Einwurf macht wörtlich Dreher a. a. O. 81, I., S. 25.

18) Übrigens stellt nicht erst das Selbstbewusstsein, sondern schon das Bewusstsein als solches eine Art Verdoppelung oder Entzweiung der Seele, wenn auch auf niedrigerer Stufe dar. Denn der Vorstellende stellt mit seiner Vorstellung, dem Vorgestellten, doch einen Teil seines Selbst vor sich. Er stellt nur insofern etwas vor, als er sich einerseits, während er vorstellend thätig ist, von der Vorstellung als seiner That unterscheidet und sich doch andrerseits mit ihr im Bewusstsein zusammenschliesst, als Vorsteller seiner Vorstellung, Denker seines Gedankens.

19) Auch mit diesem Einwande sucht Schopenhauer den Atheismus als notwendig zu erschliessen.

20) Doch verschweige ich einen mystischen Einwand gegen die Unvereinbarkeit einer unbeschränkten Allwissenheit Gottes mit der menschlichen Willensfreiheit nicht, den ich mir besonders im Hinblick auf Prophetie und Geschichte selber zu machen geneigt bin. Unter der Bedingung nämlich scheint dennoch Beides vereinbar zu sein, dass für Gott als Ausserzeitlichen, Überweltlichen und alles Zeitlich-Räumliche in sich Befassenden, auch das entfernteste Zukünftige bereits gegenwärtig ist. Doch hängt dies vom Verhältnis der Zeitlichkeit zur Ewigkeit ab, worauf wir hier nicht näher eingehen können.

21) Denn das Triebleben hat sich beim Menschen um den sittlichen Trieb bereichert, worin sich das Bedürfnis und Vermögen des Menschen äussert, ein höchstes, an sich wertvolles Ziel seines gesamten Geisteslebens zu erreichen. Der Kreis der Werte hat sich infolge dessen für ihn um den sittlichen Wert, d. h. einen höchsten, ewigen Gesamtwert seines Lebens erweitert, der als letzter Zweck

desselben für den Menschen das höchste Gut ist. Der Geist, welcher sich im Menschen in seine göttlichen Tiefen versenkt hat, findet einen höchsten, geistigen Gesamtzweck seines Lebens überhaupt, dem gegenüber selbst der sinnliche Lebenszweck überhaupt, zu einem ihm untergeordneten Zweck von nur mittelbarem Werte herabsinkt. Alle andern Zwecke einzelner Äusserungen seines Lebens lernt er so, je mehr sie dem sinnlichen Gesamtzweck untergeordnet sind, als jenem höchsten, sittlichen Zwecke um so mehr unterlegene Mittel kennen. Dadurch erhalten sie also alle ausser ihrer Stellung zum allgemeinen Zwecke des sinnlichen Lebens noch eine Stellung zum Gesamtzwecke. So fordern denn die sittlichen Zwecke, wo sie in Streit mit niederen geraten sind, die Unterdrückung der letzteren.

22) In Ulrici's Zschr. f. Phil. 79, II., S. 233.

23) Hor. od. III. 6, aetas parentum pejor avis tulit nos nequiores mox daturos progeniem vitiosiorem.

24) Im Griechischen heisst Charakter „Gepräge".

25) Natürlich kommt hier der Unterricht, soweit er nicht diesen Hauptzweck der Erziehung hat, nicht in Frage.

26) Von der Ausbildung der körperlichen Fähigkeiten und der ersten, seelisch-körperlichen Erziehung des aus der Tierheit noch nicht zu sittlichem Selbstbewusstsein entwickelten Kindes darf ich hier absehen. Beides ist eigentlich Dressur. Die Erziehung des Kindes bildet durch Schaffung von seelisch-körperlichen Gewohnheiten, durch Einwirkung besonders auf Stimmung und Gefühlsleben, durch Stiftung und Bewahrung einer naturgemässen Ordnung der natürlichen Bedürfnisse und Thätigkeiten u. s. w. eine gute, schwer entbehrliche Grundlage für die spätere, eigentliche Erziehung des zur Sittlichkeit entwickelten Menschen, welche viel dazu beitragen kann, um diese letztere zu erleichtern oder zu erschweren. Daraus erhellt die Wichtigkeit der Erziehung der Säuglinge und Kinder in den ersten Lebensjahren. Andrerseits aber wird es erklärlich, wie gerade jetzt die Anbahnung verkehrter Gewohnheiten, welche allemal selbst zu verkehrten Bedürfnissen, Trieben, Neigungen werden oder führen, verderblich für das Kind und seine körperliche-seelische, ja sittliche Entwicklung werden kann, indem sie Hindernisse ausbildet, welche die spätere Erziehung schwer oder gar nicht zu überwinden vermag. Wie verantwortlich daher der Beruf der Eltern als Erzieher ist, gerade in diesen ersten Lebensjahren, springt in die Augen.